Problemräume der Welt   **Band 8**

Herausgeber: Prof. Dr. Hartmut Beck / Prof. Dr. Manfred Sträßer

Amazonien

Regionalentwicklung im Spannungsfeld
ökonomischer Interessen sowie sozialer
und ökologischer Notwendigkeiten

von

Prof. Dr. Gerd Kohlhepp

Aulis Verlag Deubner & Co KG
Köln

Inhaltsverzeichnis

1	Einleitung	3
2	Die naturräumlichen Gegebenheiten im Amazonasgebiet	5
3	Historische Erschließungsphasen	11
3.1	Kolonialzeit	11
3.2	Kautschuk-Boom	13
3.3	Arrondierung des Amazonas-Territoriums	14
4	Das brasilianische Amazonien im Mittelpunkt staatlicher Entwicklungsstrategien	15
4.1	Geopolitische Ausgangssituation	15
4.2	Infrastrukturentwicklung	17
4.3	Agrarkolonisation und ländliche Siedlungsplanung	20
4.4	Entwicklungspol-Strategie im POLAMAZÔNIA-Programm	24
5	Ausgewählte privatwirtschaftliche Aktivitäten	26
5.1	Abbau und wirtschaftliche Bedeutung mineralischer Rohstoffe	26
5.2	Rinderweidewirtschaft	27
5.3	Sektorale und räumliche Verteilung und Bedeutung privater Investitionen	33
5.4	Das Jarí-Projekt	34
6	Bevölkerungs-, Siedlungs- und Agrarentwicklung	36
7	Interessenkonflikte an der Pionierfront	44
7.1	Allgemeine Situation	44
7.2	Situation der indianischen Bevölkerung	44
7.3	Landkonflikte zwischen kleinbäuerlichen Siedlern und wirtschaftlichen Interessengruppen	48
8	Anspruch und Wirklichkeit der regionalen Entwicklungsplanung in Amazonien	50
8.1	POLONOROESTE — ein neues Konzept zur integrierten Regionalentwicklung	50
8.2	Programa Grande Carajás — zur Problematik von Großprojekten bei der Regionalentwicklung in Amazonien	55
9	Amazonien — Zukunft ohne tropischen Regenwald?	62
10	Der Amazonas-Pakt — Ansatz zu einer supranationalen Entwicklungsstrategie?	65
11	Schlußbetrachtung	66
12	Literaturverzeichnis	67
13	Stichwortverzeichnis	68

Best.-Nr. 5308
Alle Rechte bei AULIS VERLAG DEUBNER & CO KG,
Köln, 1986
ISBN 3-7614-1031-X

Gesamtherstellung:
Druckerei KAHM GmbH, 3558 Frankenberg (Eder)

CIP-Kurztitelaufnahme der Deutschen Bibliothek
Kohlhepp, Gerd:
Amazonien: Regionalentwicklung im Spannungsfeld ökonom. Interessen sowie sozialer und ökolog. Notwendigkeiten / von Gerd Kohlhepp. — Köln: Aulis-Verlag Deubner, 1987. (Problemräume der Welt; Bd. 8)
ISBN 3-7614-1031-X
NE: GT

1 Einleitung

Ein großer Teil des Kernraums Südamerikas wird vom Amazonasbecken eingenommen, dem größten tropischen Tiefland der Erde. Während das gesamte Einzugsgebiet des Amazonas-Stromsystems 7,2 Mio qkm und damit fast 40 % der Fläche Südamerikas umfaßt, nimmt das Amazonas-Tiefland 3,6 Mio qkm ein, an denen Brasilien einen Anteil von zwei Dritteln innehat. Die Oriente-Regionen der Andenländer Peru, Bolivien, Kolumbien und Ecuador teilen sich in dieser Reihenfolge in das restliche Drittel.

Als größtes tropisches Regenwaldgebiet der Erde bedeckt Amazonien mit über 5 Mio qkm jedoch eine weit größere Fläche als die des unter 200 m ü. NN. liegenden zentralen Beckens. (s. Abb. 1/1 u. 1/2). Die Regenwälder reichen bis weit in die benachbarten Großlandschaften hinein und bedecken vor allem die nördliche Abdachung des zentralbrasilianischen Berg- und Tafellands im Süden sowie Teile des Guayana-Massivs, des Guayanischen Küstenlandes und des Orinoco-Beckens im Norden. An dieser Regenwaldregion hat Brasilien einen Anteil von über 75 %.

Die folgenden Ausführungen konzentrieren sich nicht nur aus Gründen des hohen Flächenanteils an Amazonien auf den brasilianischen Teil, son-

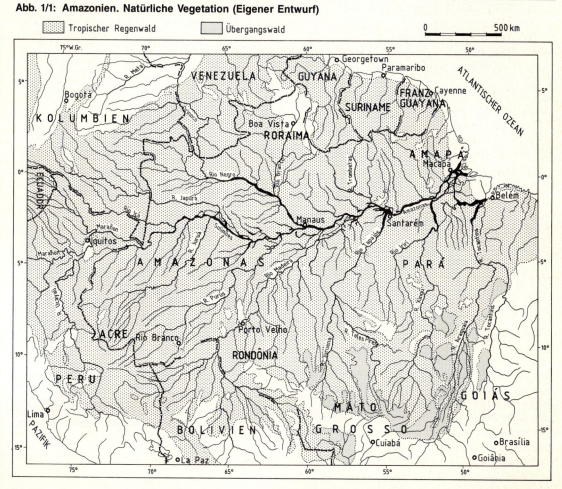

Abb. 1/1: Amazonien. Natürliche Vegetation (Eigener Entwurf)

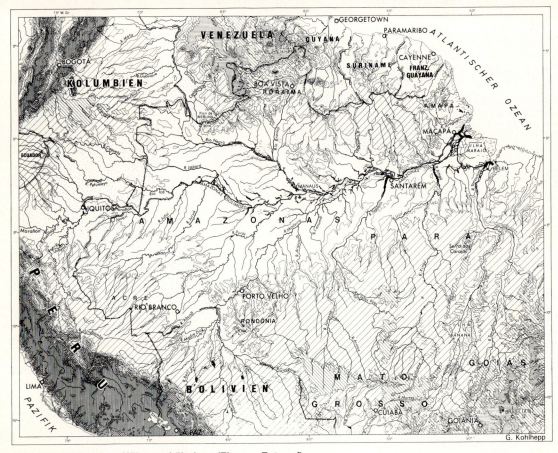

Abb. 1/2: Amazonien. Höhenverhältnisse (Eigener Entwurf)

dern auch aufgrund der Besiedlungs- und Wirtschaftsaktivitäten, die Brasilien in diesem Raum unternommen hat und weiter unternimmt.

Peru, Bolivien, Kolumbien und Ecuador haben in ihren amazonischen Regenwaldregionen bisher nur begrenzte, größtenteils staatliche Agrarkolonisationsvorhaben durchgeführt bzw. die Erdölförderung vorangetrieben. Venezuela hat erst sehr zögernd die Erschließung der südlichen Regenwälder eingeleitet und Guyana sowie Suriname haben sich fast ausschließlich dem Abbau der Bauxit-Vorkommen gewidmet. In Franz. Guayana sind die Regenwälder ebenfalls noch weithin unberührt.

Im Gegensatz dazu hat Brasilien mit der seit Ende der 60er Jahre planmäßig vorangetriebenen Erschließung seines Amazonas-Anteils außerordentlich umfangreiche und kostenaufwendige Anstrengungen unternommen, um den trotz der zentralen Stromachse großenteils unerschlossenen Binnenraum aus der naturbedingten Isolation zu lösen und vor allem in wirtschaftlicher Hinsicht in den Staatsraum zu integrieren.

Die räumliche Herausforderung des fast siedlungsleeren und von der modernen Wirtschaft kaum genutzten Amazonasgebietes, dessen unerforschtes natürliches Potential die kühnsten Spekulationen anheizte, hat brasilianische Politiker und Planer seit Jahrzehnten nach regionalen Entwicklungsstrategien suchen lassen. Neben wirtschaftlichen Motiven spielten dabei auch geopolitische Überlegungen eine Rolle, die bereits die Kolonialmacht Portugal zur räumlichen Sicherung Amazoniens veranlaßt hatten.

Die zur Entwicklung Amazoniens eingerichtete Planungsregion (Amazônia Legal), die mit 5 Mio qkm auch Teile der südlich und östlich an das Amazonas-Becken angrenzenden Naturräume mit ihren Feuchtsavannen einschließt, umfaßt 59% der Staatsfläche Brasiliens (s. Abb. 4.3/1). Diese Größenordnung allein zeigt schon, daß Diskussionen um die Behandlung Amazoniens als Naturreservat unrealistisch sind.

Im Rahmen des Zentrum-Peripherie-Spannungsfelds auf nationaler und internationaler Ebene werden die tropischen Regenwälder immer stärker zur „Verfügungsmasse". So stellen sich grundsätzliche Fragen zu der aufgrund der ökologischen Gegebenheiten möglichen Landnutzung und Besiedlung bzw. zu den Prioritäten für die wirtschaftliche „Inwertsetzung" dieser Region vor dem Hintergrund der Existenzbedrohung indianischer Bevölkerungsgruppen sowie von Interessenkonflikten zwischen den einzelnen sozialen Gruppen.

Da der ökonomische Druck auf die Regenwälder ein weltweites Phänomen in tropischen Entwicklungsländern ist, sind die Erkenntnisse aus den Planungsansätzen und den Entwicklungsprozessen im brasilianischen Amazonasgebiet von besonderer Bedeutung.

2 Die naturräumlichen Gegebenheiten im Amazonasgebiet

Geologisch ist das Amazonasbecken eine alte Senkungszone, die sich zwischen den kristallinen Schilden von Guayana und Brasilien über 3500 km ostwestlich und bis über 2000 km nordsüdlich erstreckt. Sie war im Paläozoikum eine nach Westen zum Pazifik offene Meeresbucht, die im Mesozoikum verlandete und schließlich durch die Heraushebung der Anden im Tertiär nach Westen abgeriegelt wurde. Der entstandene riesige Binnensee entwässerte dann seit Anfang des Quartärs zum Atlantik. In die mächtigen Pakete sandiger und toniger jungtertiärer Sedimente, der heutigen „terra firme", hat sich das Flußsystem eingeschnitten. Beim Wiederanstieg des Meeresspiegels im Pleistozän wurden breite Überschwemmungsauen, die Várzeas, aufgeschüttet und es entstanden auch die trichterförmigen Mündungen (Süßwasser-Ria) der südlichen Amazonasnebenflüsse Tapajós, Xingú und Tocantins in den Hauptstrom sowie das über 300 km breite Mündungsdelta mit der Insel Marajó.

Das Amazonasgebiet ist durch ein innertropisches Tieflandklima mit Jahresmitteltemperaturen zwischen 25 °C und 27 °C gekennzeichnet. Die absoluten Maxima übersteigen aber selten 35 °C. Die Tagesschwankungen der Temperaturen können mehr als 10 °C betragen (Tageszeitenklima) und sind damit bei weitem höher als die geringe Jahresschwankung von etwa 2 °C. Im Juni/Juli können im Süden und Südwesten Amazoniens von starken Winden begleitete Kaltlufteinbrüche auftreten (friagens), die die Temperaturen z. T. auf unter 15 °C absinken lassen. Die Niederschläge in dieser als immerfeucht bezeichneten riesigen Region sind weder räumlich, noch im Jahresgang gleichmäßig verteilt. Sie betragen im Nordwesten Amazoniens jährlich über 3600 mm, sinken nach Osten am Unterlauf bei Óbidos auf unter 1 800 mm ab und steigen dann im Amazonasmündungsgebiet wieder auf Werte über 2500 mm an. Von West nach Ost macht sich eine zunächst schwache Trockenzeit bemerkbar, die in Manaus im Juli und August, im Osten von September bis November auftritt. Nach Süden nimmt die Trockenheit auf vier aride Monate zu (Juni—September) (s. Abb. 2/1). Die Niederschläge fallen als kurze Starkregen in Wärmegewittern von etwa einer Stunde am Nachmittag und als Zenitalregen, bei denen gewaltige Regenmengen niedergehen. Etwa die Hälfte des Regenwassers steigt durch die hohe Evapotranspiration rasch wieder in die Atmosphäre auf. Amazonien weist eine ganzjährig sehr hohe Luftfeuchtigkeit auf, die sich in einer drückenden Schwüle äußert. Das Amazonas-Becken wird vom Rio Amazonas, dem wasserreichsten Strom der Erde, entwässert, der mit den in den peruanischen Anden entspringenden Quellflüssen Ucayali-Apurimac 6520 km lang ist. Dieser zweitlängste Strom der Erde (nach dem Nil-Kagera mit 6670 km) wird in Peru Marañon, ab der brasilianischen Grenze Solimões und ab der Einmündung des Rio Negro endlich Amazonas genannt. Auf den fast 5000 km Flußstrecke vom Andenaustritt an nimmt er über 200 Nebenflüsse auf, von denen 15 über 2000 km lang sind. Das Gesamtgefälle beträgt auf dieser Strecke 180 m, d. h. durchschnittlich 3 cm/km. Vom Zusammenfluß mit dem Rio Negro bei Manaus bis zur 1 300 km entfernten Mündung beträgt das Gefälle nur 26 m.

Seeschiffe mit bis zu 14 Fuß Tiefgang können das

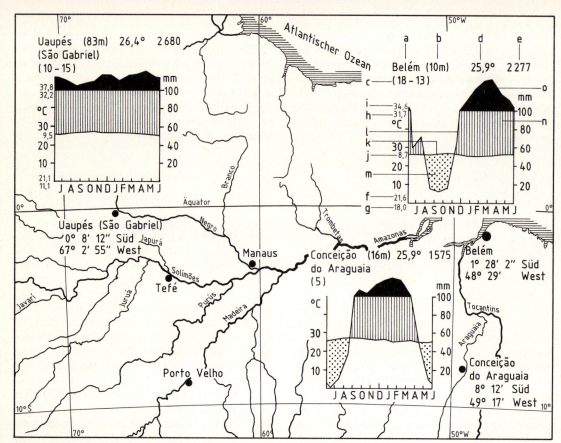

Abb. 2/1: Klimadiagramme amazonischer Stationen (Klimadaten aus: *Walter, H. / Lieth, H.* **1960** ff: Klimadiagramm-Weltatlas. Jena)

a = Station
b = Höhe über dem Meeresspiegel
c = Zahl der Beobachtungsjahre
d = mittlere Jahrestemperatur
e = mittlere jährliche Niederschlagsmenge (in mm)
f = mittleres tägliches Minimum des kältesten Monats
g = absolutes Minimum (tiefste gemessene Temperatur)
h = mittleres tägliches Maximum des wärmsten Monats
i = absolutes Maximum (höchste gemessene Temperatur)
j = mittlere tägliche Temperaturschwankung
k = Kurve der mittleren Monatstemperaturen (1 Skalenteil = 10 °C)
l = Kurve der mittleren monatlichen Niederschläge
m = relative Trockenzeit (punktiert)
n = humide Jahreszeit (schraffiert)
o = mittlere monatliche Niederschläge, die 100 mm übersteigen (Maßstab auf 1/10 reduziert), schwarze Fläche = perhumide Jahreszeit

3 600 km landeinwärts gelegene peruanische Iquitos erreichen, wo der Strom eine Breite von 2 km besitzt, die dann — ohne die zahlreichen Seitenarme (paraná) und bei mittlerem Wasserstand — im Mittellauf auf 5—10 km und im Unterlauf auf über 20 km ansteigt. Nur bei Óbidos wird der Amazonas auf 1,8 km eingeengt, wo der Strom eine maximale Tiefe von etwa 100 m erreicht, d. h. die Flußsohle infolge der pleistozänen Absenkung des Meeresspiegels beträchtlich unter dem heutigen Erosionsniveau liegt. Die durchschnittliche Tiefe des Hauptkanals des Amazonas beträgt 40—50 m. Die Nebenflüsse sind nur bis zum Austritt aus den kristallinen Grundgebirgen schiffbar, wo Stromschnellen auftreten.

Der Amazonas ist der Strom mit der bei weitem größten Wasserführung. Sie übertrifft den Kongo um das 4fache, den Mississippi um das 10fache und ist gar 70mal höher als die Abflußmenge des hochwasserführenden Niederrheins. Der Amazonas, dessen Abflußmenge zur Hochwasserzeit über 300 000 m^3/sec. beträgt, liefert 15 % des gesamten Süßwassers, das weltweit in die Ozeane fließt. Über 200 km vor der Mündung macht sich das Amazonaswasser im Atlantischen Ozean noch bemerkbar. Andererseits wirken sich die im Mündungsgebiet 2 m betragenden Gezeiten durch Rückstau bis über 800 km flußaufwärts aus. Bei Springflut rollt eine bis 5 m hohe Flutwelle (Pororoca) landeinwärts.

Die Schwankungen des Wasserstands sind im Jahresverlauf sehr hoch und entsprechen den Niederschlagsverhältnissen in den Quellgebieten des Hauptstroms und der Zuflüsse. Sie betragen bei den südlichen Zuflüssen Juruá, Purús, Madeira und beim Solimões 16—20 m, unterhalb von Manaus 10 m, bei Santarém 6-7 m und an der Xingú-Mündung noch 4 m.

Die wasserreichen südlichen Zuflüsse erreichen im März/April ihren Hochwasserstand (Niedrigwasser August—Oktober). Da die nördlichen Zuflüsse im Juni/Juli Hochwasser führen und zwischen Dezember und März Niedrigwasser aufweisen, kommt es beim Solimões zu einem komplizierten Abflußvorgang mit einem Haupthochwasser (Juni) und zwei sekundären Maxima (September, Januar), während im Unterlauf nur noch ein Hochwasser (Mai/Juni) auftritt. In der Hochwasserzeit wird die bis zu 100 km breite Alluvialebene (Várzea) fast völlig überflutet, und das Hauptstromgebiet gleicht einem riesigen Binnensee.

Je nach der Schwebstoff-Führung und damit nach dem Chemismus und der Wasserfarbe der aus unterschiedlichen Herkunftsregionen stammenden Flüsse des Amazonas-Systems unterscheidet man Weißwasser-, Klarwasser- und Schwarzwasser-Flüsse.

Die *Weißwasserflüsse,* die trübes, lehmgelbes Wasser mit Sichttiefen von z. T. weniger als 10 cm führen, kommen aus dem niederschlagsreichen Andengebiet bzw. den andinen Vorgebirgszonen. Diese Flüsse, zu denen der Solimões/Amazonas sowie Rio Madeira, Rio Purús und Rio Juruá gehören, schütten große Mengen nährstoffreicher Sedimente auf und tragen damit hauptsächlich zur Bildung der alluvialen Überschwemmungsaue, der Várzea, bei, die gute landwirtschaftliche Nutzungsmöglichkeiten aufweist.

Dagegen führen die *Schwarzwasserflüsse,* die — nach traditioneller Ansicht — aus den geschlossenen, versumpften, erosionsgeschützten Regenwaldgebieten des nordwestlichen Amazonien mit nährstoffarmen humosen Podsolböden kommen, saures, durchsichtiges bis kaffeebraunes Wasser. In jüngster Zeit wurde aber klar, daß Schwarzwasserbäche aus Arealen weißer Sandböden kommen, auf denen eine vom Hochwald verschiedene Vegetation (amazonische ,,caatinga") wächst (*Sioli* 1983). Es sind die schwebstoffärmsten Flüsse, die daher keine Várzeas aufschütten. Der Rio Negro ist der ,,klassische" Vertreter dieses Flußtyps, der als Schwarzwasserfluß aber mit dem Rio Branco auch einen aus dem Vorland des Guayana-Massivs kommenden Weißwasserfluß aufnimmt. Bei seiner Einmündung in den lehmgelben Solimões/Amazonas unterhalb von Manaus gibt es ein eindrucksvolles Schauspiel der Schwarz- und Weißwasser, die über Kilometer fast unvermischt in ihrer Farbe kontrastieren (Bild 1).

Die *Klarwasserflüsse* kommen aus den alten, stark abgetragenen Massiven Zentralbrasiliens und Guayanas. Sie sind gelb- bis olivgrün gefärbt, in der ausgeprägten Trockenheit von fünf ariden Monaten kristallklar, mit Sichttiefen bis über 4 m

Bild 1: Zusammenfluß Rio Negro (Schwarzwasser) und Rio Solimões (Weißwasser) bei Manaus (Bildquelle: *G. Kohlhepp*)

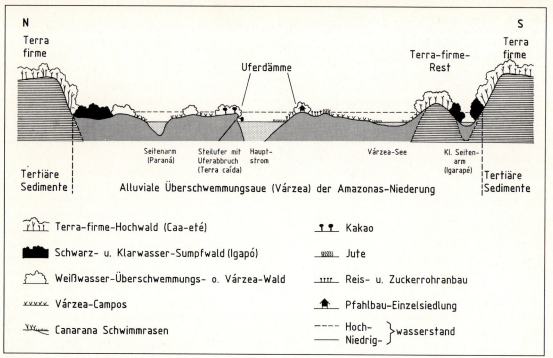

Abb. 2/2: **Schematisches Profil durch das untere Amazonas-Gebiet** (Nach: *Paffen, H.* 1963: Das östliche Südamerika, in: Die Große Illustrierte Länderkunde. Bd. II. Bertelsmann-Verlag, S. 1110)

und extrem arm an Sedimentfracht. Die aus wechselfeuchten Savannen-Regionen stammenden Flüsse führen nur in der Regenzeit nennenswerte Mengen an Schwebstoffen mit sich. Zu ihnen gehören u. a. der Tapajós und der Xingú. Wo die Zuflüsse aus dem Kristallin des brasilianischen Schilds in den Bereich der weichen tertiären Sedimente eintreten, entstehen unterhalb der Stromschnellenstrecken bedeutende Verbreiterungen des Flußbetts, die beim Tapajós 15 km erreichen und große buchtartige Mündungstrichter bilden, die wie Seen von Sandstränden gesäumt werden. Während der sedimentreiche Amazonas in der Phase der post-pleistozänen Meeresspiegelhebung sein Bett aufgefüllt hat und Várzeas entstehen ließ, haben die schwebstoffarmen Klar- und Schwarzwasserflüsse die „ertrunkenen Flußtäler" noch nicht aufgeschüttet.

Ein schematischer Querschnitt (s. Abb. 2/2) durch das Gebiet des unteren Amazonas zeigt die klare Gliederung der Landformen zwischen der Várzea und der Terra firme. Die Várzea, die von Uferdämmen begleitete, periodisch überschwemmte alluviale Aue fällt landeinwärts etwas ab und ist von zahlreichen Seitenarmen durchzogen bzw. von riesigen flachen Seen bedeckt, die Längen von über 100 km erreichen können. Starke Erosion an den Prallhängen der Uferdämme kann zum Uferabbruch führen, wobei große „Inseln" mit den Baumbeständen stromabwärts treiben. Die Várzea mit ihren nährstoffreichen Schwemmlandböden ist periodisch für die Rinderhaltung sowie den Anbau kurzzyklischer Kulturpflanzen nutzbar. Sie ist das traditionelle landwirtschaftliche Produktionsgebiet Amazoniens, das sich saumartig entlang der Weißwasserflüsse erstreckt. Die Várzea-Niederung, z. T. von Sumpfwäldern (Igapó) und Weißwasser-Überschwemmungswäldern bestanden sowie Heimat der Kautschuk-liefernden Hevea brasiliensis, ist z. T. mehr als 60 m in die riesigen überschwemmungsfreien Gebiete der Terra firme eingetieft.

Die Terra firme, der nach Norden und Süden an die Várzea angrenzende und steil ansteigende Bereich der jungtertiären Sedimente, nimmt 98,5 % der Fläche des Amazonasbeckens ein und ist — von einigen inselhaften, meist edaphisch bedingten Campos durchsetzt — flächenhaft von tropischem Regenwald (indianisch: caa-eté) bedeckt. Dieser amazonische Regenwald, von Alexander von Humboldt „Hyläa" (griechisch: „die waldige Zone") genannt, ist mit wohl 1,5 bis 2 Millionen Pflanzen- und Tierarten das artenreichste und komplexeste Ökosystem der Erde.

Die Regenwälder Amazoniens, die gewöhnlich in drei Baumstockwerke, eine Strauch- und Krautschicht und den Bodengrund etagenmäßig gliedert werden, erreichen Höhen bis über 50 m. Sie sind durch eine ungeheure Artenvielfalt bei aller-

Abb. 2/3: Folgen der Entwaldung (Verändert nach: *Goodland / Irwin* 1975, S. 27, 31)

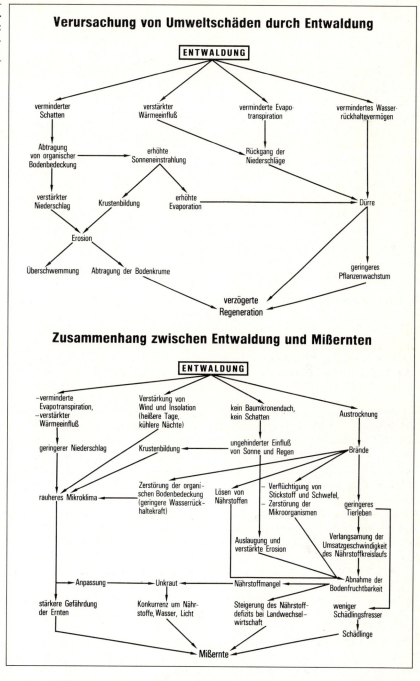

dings geringer Individuenzahl pro Flächeneinheit gekennzeichnet und dicht durchsetzt von Lianen und Epiphyten. Die Biomasse übertrifft in tropischen Regenwäldern mit bis zu 600 t pro Hektar die außertropische Waldformation um das Doppelte.

Die ungeheure Biomasse der tropischen Regenwälder führte zum zentralen Problem: zur Fehlinterpretation von Biomasse = Bodenfruchtbarkeit. Dies geschah unter der falschen Assoziation der Bevölkerungsdichtewerte in alten, intensiv genutzten Kulturlandschaften Südostasiens, die aber abweichende ökologische Voraussetzungen aufweisen.

Der extremen Vielfalt von Flora und Fauna, v. a. auch der Wasserfauna, steht — zunächst überraschend — die extreme Nährstoffarmut der Böden Amazoniens gegenüber. Artenreichtum muß als Anpassung an geochemisch verarmte Habitats verstanden werden (*Fittkau* 1973). Aus den ausgewaschen und verwitterten Sedimentgesteinen haben sich unter feuchttropischen Klimabedingungen tiefgründige Rotlehmböden gebildet. Diese ferrallitischen Böden sind sehr sauer und bestehen aus kaolinitischen Tonen, die nicht nur keine Nährstoffe besitzen, sondern auch — außer dem geringen Restmineralgehalt und dem niedrigen Gehalt an Humusstoffen — mit der geringsten Kationenaustauschkapazität aller Böden der Erde ausgestattet sind. Diese Austauschkapazität bestimmt, was ein Boden an Nährelementen speichern und damit vor der Auswaschung bewahren kann. Diese geringe Speicherfähigkeit führt dann auch dazu, daß im Rahmen agrarer Nutzung fehlende Nährstoffe nicht einfach durch Kunstdüngung ersetzt werden können, da die nicht gebundenen Mineralstoffe unverwertet wieder ausgewaschen werden.

Die Böden liefern dem Wald eigentlich nur das physikalische Substrat, während der üppige Regenwald in einem geschlossenen direkten Nährstoffkreislauf, der — ungestört — ideal gegen Nährstoffverluste abgesichert ist, quasi „aus sich selbst" lebt. Die Absicherung gegen Nährstoffverluste geschieht v. a. durch Bodenpilze (Mycorrhizae), die die Nährwurzeln der Bäume umgeben und als Nährstoff-Fallen dienen. Die nahezu einzige Nährstoffversorgung der amazonischen Regenwälder geschieht durch die Zufuhr von Mineralsalzen über die Niederschläge, bzw. die chemisch reichen Tropfwasser, die Stoffe von Blättern und Stämmen herunterwaschen und anreichern.

Mit der Zerstörung des Nährstoffkreislaufs durch Brandrodung beginnt der Zusammenbruch des hochkomplizierten Ökosystems des tropischen Regenwalds (s. Abb. 2/3). So wird die Humusdecke zerstört, die Wurzelpilze sterben ab und ein Erosionsprozeß setzt ein, der eine Bodenabtragung bis zu mehr als 1000 t pro Jahr und Hektar mit sich bringen kann.

Dies alles bedeutet, daß der landwirtschaftlichen Nutzung Amazoniens (s. Kap. 4.3; 5; 6; 8;) ökologisch bedingte Hemmnisfaktoren gegenüberstehen, die *Weischet* (1980) als die „ökologische Benachteiligung" der Tropen bezeichnete. Die seit Jahrzehnten in landwirtschaftlicher Nutzung befindlichen Waldböden der gemäßigten Zone können aufgrund des im Boden gebundenen viel höheren Nährstoffvorrats und ihrer viel günstigeren Tonmineral- und Humusausstattung in keiner Weise mit den Böden der immerfeuchten Regenwaldgebiete Amazoniens verglichen werden. Die Rotlehmböden und großflächigen Bleichsandgebiete mit Podsolböden, die mit diesem Handicap behaftet sind, nehmen aber den Großteil der Amazonas-Region ein.

Daraus folgt, daß eine sog. „moderne" Agrarerschließung des Amazonasgebiets weder in der angestrebten Form des Dauerfeldbaus mit Monokulturen und Maßnahmen des „technological package" der „Grünen Revolution" erfolgen kann, noch auf der Basis hoher Siedlungsdichte kleinbäuerlicher Bevölkerung mit Landwechselwirtschaft und Subsistenzanbau. Allein der Wanderfeldbau kleiner indianischer Stammesgruppen hat sich als an die ökologischen Gegebenheiten Amazoniens optimal angepaßte Landnutzungsform erwiesen. Die Brandrodungsflächen werden nach zwei bis drei Jahren aufgegeben und neue „roças" werden angelegt. Es sind nur „Nadelstiche" (*Sioli* 1983) im tropischen Regenwald, wobei sich die ehemals genutzten Flächen nach einigen Jahrzehnten wieder regenerieren und das ökologische Gleichgewicht wieder herstellen. Bei zunehmendem Bevölkerungsdruck kommt dieser Prozeß nicht mehr zustande und es erfolgt eine kontinuierliche Degradation.

Großflächige Waldrodungen, wie sie heute in Amazonien zunehmen, werden aufgrund der Verminderung der Evapotranspiration zu Veränderungen im Jahresgang der Niederschläge mit atypischen Trockenphasen und auch zur Abnahme der Gesamtniederschläge führen. Schnell zunehmende Bodenerosion wird zu vermehrter und veränderter Schwebstoff-Fracht in den Flüssen führen, deren Chemismus sich ebenfalls verändert.

Letztlich wird die Vernichtung des amazonischen Regenwaldes durch Brandrodung infolge der großen Mengen an Kohlenstoff, die in den Holzbeständen des Waldes gespeichert sind, zu einem merklichen Anstieg des CO_2-Gehalts in der Erdatmosphäre führen (ca. 8—10 %), was wiederum infolge der Glashauswirkung und des Temperaturanstiegs Folgen für den Wärmehaushalt der Erde haben wird.

3 Historische Erschließungsphasen

3.1 Kolonialzeit

Nach dem Vertrag von Tordesillas 1494, der nach dem Schiedsspruch von Papst *Alexander VI* die Trennung der Interessensphären zwischen Spanien und Portugal entlang einer 370 leguas (1 legua = 6,18 km) westlich der Kap Verde-Inseln N-S verlaufenden Demarkationslinie vorsah, hatte die im Jahre 1500 entdeckte portugiesische Kolonie Brasilien kaum Anteil am Amazonasgebiet. Die Trennungslinie zwischen den beiden führenden Kolonialmächten des 15. und 16 Jhdts. ließ den portugiesischen Einflußbereich etwa längs des heutigen 49° w. L., etwa einer Linie Belém-Laguna (Südbrasilien), enden. Was westlich dieser Linie lag, also nahezu das gesamte, erst viel später erkundete Amazonasgebiet, war spanischer Machtbereich.

Das riesige tropische Regenwaldgebiet Amazoniens hat seinen Namen durch den spanischen Entdecker *Francisco de Orellana* erhalten, dessen Expedition 1541 als erste auf der Suche nach „El Dorado" den Amazonasstrom von Perú flußabwärts befuhr, und von den an die Amazonen des Altertums erinnernden Kriegerinnen des unter Mutterrecht stehenden Coñori-Stammes angegriffen wurde.

Während der Phase der spanischen Herrschaft in Portugal (1580—1640) verfügte König *Philipp IV* von Spanien 1621 die Zweiteilung der Kolonie in einen „Staat Brasilien" und einen „Staat Maranhão", die bis 1774 Bestand hatte und die portugiesische Gebietserweiterung in Amazonien mit sich brachte. 1637 vergab zur Zeit der Personalunion *Philipp IV* zwei Capitanias im eigentlich Spanien gehörenden Amazonasgebiet an portugiesische Adelige. Im gleichen Jahr erkundete der Portugiese *Pedro Teixeira* das Stromgebiet des Amazonas von der Mündung bis ins Quellgebiet.

Als 1750 im Vertrag von Madrid der in Wirklichkeit schon lange nicht mehr eingehaltene Vertrag von Tordesillas für nichtig erklärt wurde und eine Neuregelung der Grenzziehungen zwischen Portugiesen und Spaniern in Südamerika auf der Grundlage der tatsächlichen Besitzverhältnisse („uti possidetis") durchgeführt wurde, lag der räumliche Hauptgewinn für Portugal im Amazonasgebiet. Im Vertrag von San Ildefonso 1777, dessen Hauptinteresse der La Plata-Region galt, wurde der Status quo für das Amazonasgebiet erneut bestätigt und damit die Grundlage für die späteren Grenzverträge des unabhängigen Brasilien unter dem Baron von Rio Branco geschaffen.

In Zusammenhang mit der Besitzergreifung des ehemals spanischen Einflußbereichs in Amazonien sicherte die portugiesische Kolonialmacht ihre politischen und wirtschaftlichen Interessen durch die planmäßige Anlage von militärischen Stützpunkten (s. Abb. 3.1/1 und 2). Es waren strategische Gründungen, Forts mit angeschlossener kleiner Siedlung, die v. a. die Amazonasmündung und den Zugang von Süden und Norden sicherten (Belém 1616, São Luís 1614, Macapá 1676), der insbesondere durch die französischen Aktivitäten im Amapá-Oiapoque-Gebiet und in Maranhão gefährdet war.

In der zweiten Hälfte des 17. Jhdts. konzentrierten sich die Portugiesen dann mehr auf die Sicherung der „West- und Nordgrenze" (Manaus 1669, Boa Vista 1740). Einige dieser Siedlungen erlangten jedoch erst weit später Bedeutung, als sie durch die Zuweisung politisch-administrativer Funktionen zu Hauptstädten von Bundesstaaten und Territorien im Amazonasgebiet wurden. Dies gilt z. B. für Manaus (ab 1835), Boa Vista (1943) und Macapá (1944).

Zwischen 1620 und 1755 entstanden vor allem entlang des Amazonasstroms zahlreiche katholische Missionssiedlungen (u. a. Santarém, Óbidos), die die Einbeziehung der religiös betreuten indianischen Bevölkerung in die neuentstehenden Siedlungen zum Ziel hatten. Sechs Kongregationen arbeiteten bei der Christianisierung der Indianer im Amazonasgebiet, v. a. Jesuiten, Franziskaner und Karmeliter.

Nachdem bereits in der zweiten Hälfte des 16. Jhdts. Jesuiten in Brasilien tätig waren — im Gegensatz dazu begannen im spanischen Südamerika fast überall Franziskaner mit der systematischen Missionierung — begannen die Jesuiten und die Franziskaner in den ersten Jahrzehnten des 17. Jhdts. mit der Missionstätigkeit in Maranhão und Pará (s. Abb. 3.1/2). Franziskaner begleiteten

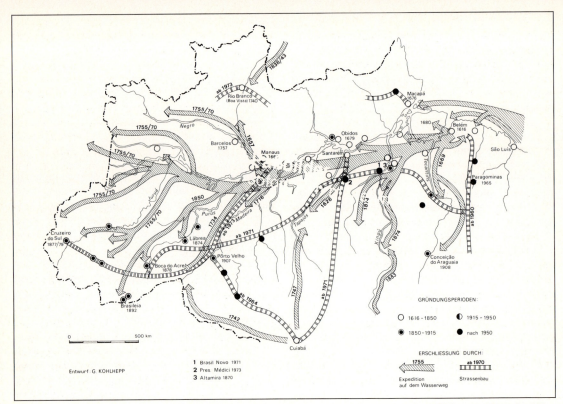

Abb. 3.1/1: **Stadtgründungen und Erschließungsgang** (Eig. Entw., aktualisiert nach: *Kohlhepp* 1978.1, S. 173)

Abb. 3.1/2: **Gründungsmotive amazonischer Siedlungen** (Eig. Entw., aktualisiert nach: *Kohlhepp* 1978.1, S. 174)

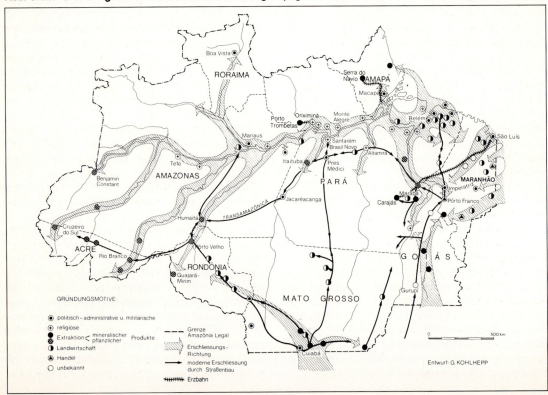

Teixeira bei seiner Expedition flußaufwärts, Jesuiten bei der Rückreise nach Belém. Ab 1693 erhielten die Franziskaner das Gebiet nördlich des Amazonas als Missionsgebiet zugewiesen. 1750 bestanden im Amazonasgebiet 63 von Missionaren geleitete Siedlungen, aber nur 4 andere Siedlungen. Vor allem im 18. Jhdt. erweiterten Jesuiten und Karmeliter den portugiesischen Einfluß bis zum Rio Negro und Rio Madeira. Auch außerhalb des portugiesischen Einflußgebiets entstanden im spanischen Oberlaufgebiet des Amazonas/Marañon und dessen Nebenflüssen blühende Missions-Provinzen. Auch nach der Ausweisung der Jesuiten aus Brasilien durch den portugiesischen Minister *Pombal* 1759, bei der die jesuitischen Güter konfisziert wurden, hatten die Siedlungskerne Bestand, wenn auch viele Indianer die Orte verließen. Bei der Vertreibung der Jesuiten aus Brasilien spielte nicht zuletzt im östlichen Amazonien die Tatsache eine Rolle, daß deren Tätigkeit zum Schutz der Indianer die wirtschaftlichen Interessen der neuen Handelsgesellschaft der Kapitanien Pará und Maranhão behinderte und der Gouverneur von Grão Pará ein Bruder *Pombals* war.

Ab 1843 begannen Kapuziner im unabhängigen Brasilien wieder die Missionsarbeit, ab 1870 nahmen die Franziskaner ihre Amazonasmission wieder auf und es erfolgten neue Siedlungsgründungen (u. a. Altamira 1870).

3.2 Kautschuk-Boom

Entscheidenden Einfluß auf die weitere Erschließung Amazoniens hatte die Kautschuk-Wirtschaft, die den ersten bedeutenden Wirtschaftszyklus dieser Region bestimmte. Bereits bei seiner Amazonas-Expedition (1735-43) hatte der französische Gelehrte *de la Condamine* die Verwendung des milchig-weißen, harzähnlichen Saftes des im Várzea-Bereich heimischen Hevea-Baums (Hevea brasiliensis) bei Indianern beobachtet, die dafür den Begriff „cahuchu" verwandten, was zur französischen Übersetzung caoutchouc führte. Wirtschaftlichen Wert gewann dieses Produkt, als *Mackintosh* (1820) Stoffe durch Imprägnierung mit Kautschuklösung wasserdicht machte, v. a. aber als *Goodyear* (1839) das Vulkanisier-Verfahren erfand und schließlich *Dunlop* (1888) der Gummireifen patentiert wurde. Die Kautschukzapfer waren zunächst bis Mitte des 19. Jhdts. im östlichen Amazonasgebiet tätig und drangen bis zu den Unterläufen des Rio Xingú und Tapajós vor. Bis 1870 wurde die Kautschukgewinnung bis zum Rio Purús und Rio Juruá ausgedehnt und gleichzeitig aufgrund verbesserter Zapfmethoden der Kautschuksammler (seringueiros) die Jahresproduktivität pro Mann auf bis zu 200 kg gesteigert.

Verstärkte Nachfrage nach Kautschuk auf dem Weltmarkt und die Einführung der Dampfschiffahrt mit der Gründung dreier brasilianischer Schiffahrtsgesellschaften ließen die Kautschukexporte schnell ansteigen. 1867 wurde dann auf starken Druck der USA und Großbritanniens die internationale Schiffahrt auf dem Amazonas und seinen Nebenflüssen von der kaiserlichen Regierung Brasiliens zugelassen. Im Jahre 1872 entstand die „Amazon Steam Navigation Co." mit Sitz in London, die 1874 die brasilianischen Gesellschaften aufkaufte.

Die Entwicklung des Gummireifens führte dann in den 1890er Jahren zu einem regelrechten Kautschuk-Boom, der die Kautschuksammelwirtschaft räumlich sehr stark auf Acre konzentrierte. Gleichzeitig setzte damit der „run" auf Land- und Ausbeutungskonzessionen ein, um die sich die Händler stritten. Ein Aufkauf- und Vermarktungssystem entstanden. Der Mangel an Seringueiros bei ständig steigender Nachfrage nach Kautschuk und damit hohen Weltmarktpreisen führte zur Anwerbung von Arbeitskräften in dem durch katastrophale Dürren 1877 und 1879 betroffenen Staat Ceará im Nordosten. Zwischen 1877 und 1910 haben sich etwa eine halbe Million Nordestinos als Seringueiros v. a. ins südwestliche Amazonasgebiet verdingt.

Die brasilianische Kautschukproduktion, die 1840 388 t erreicht hatte, steigerte sich über 2.673 t (1860) und 8.679 t (1880) bis 27.650 t im Jahre 1900. Im ersten Jahrzehnt dieses Jahrhunderts erlangte Brasilien das Kautschukmonopol. Die großen Händler und Exporteure diktierten den Weltmarktpreis, der sich von 1840 bis 1910 verzehnfachte. Manaus und auch Belém wurden zu glänzenden Metropolen mit prachtvollen Stadtpalästen der Kautschuk-Barone und stattlichen öffentlichen Gebäuden, deren Materialien fast vollständig aus Europa importiert wurden und die z. T. noch heute das Stadtbild bestimmen. Das „Teatro Amazonas" in Manaus erlangte Berühmtheit. Manaus, mitten im Amazonasgebiet gelegen, war eine der ersten Städte des Landes mit Straßenbahn und Straßenbeleuchtung.

Der Kautschuk-Boom schuf eine soziale Schichtung der Bevölkerung Amazoniens, deren Grundlagen bis heute fortwirken. Die Kautschukzapfer führten in völliger Isolation mit der Gefahr von Indianerüberfällen und tropischer Infektionskrankheiten ein elendes Leben in einer permanenten Abhängigkeit von den regionalen und lokalen Händlern, die Lebensmittel zum Unterhalt überteuert auf Kredite verrechneten und nur sehr geringe Produktpreise gutschrieben. Aus dieser Schuldknechtschaft konnten sich die Seringueiros nicht befreien.

Neben dieser breiten Unterschicht — friedliche Kontakte zur indianischen Bevölkerung bestanden kaum — bildeten kleine Händler und Verwaltungsbeamte einen schmalen Mittelstand. Die Oberschicht rekrutierte sich aus den Eigentümern der Kautschukwälder (Seringal), deren Landtitel häufig dubioser Herkunft waren, und den Großhändlern. Teilweise waren beide Gruppen identisch. Die Söhne der amazonischen Führungsschicht studierten in Coimbra in Portugal oder in Paris.

Die Blüte der Kautschuksammelwirtschaft, deren Schwerpunkt sich auf die Hevea-Standorte in Acre verlagert hatte, führte zu Grenzstreitigkeiten mit Bolivien. Zahlreiche Brasilianer waren in diese Region vorgedrungen. Gegenmaßnahmen der Bolivianer führten zum Aufstand der ansässigen Brasilianer unter Galvéz und zur Ausrufung der „Republik Acre". Nach mehreren Revolten und „Befreiungsversuchen" provozierte 1901 die Verpachtung des Gebietes durch den bolivianischen Präsidenten an ein von nordamerikanischen und britischen Handelsinteressen gesteuertes „Bolivian Syndicate" einen erneuten Konflikt. Nach Zusammenstößen der von Brasilien unterstützten Armee des „freien Acre" und bolivianischem Militär führte der brasilianische Außenminister *Baron von Rio Branco* die kriegerischen Auseinandersetzungen einer diplomatischen Lösung zu. Im Vertrag von Petrópolis 1903 erwarb Brasilien Acre, wofür Bolivien eine Entschädigung von 2 Mio Pfund Sterling erhielt, die aufgrund der hohen regionalen Kautschuk-Produktion schnell ökonomisch kompensiert wurde. Außerdem verpflichtete sich Brasilien zum Bau der Madeira-Mamoré-Eisenbahn, um Bolivien durch Umgehung der Stromschnellen des Rio Madeira einen Zugang zum schiffbaren Amazonas-Stromsystem und damit eine Exportverbindung über den Atlantik an die Märkte der USA und Europas zu ermöglichen. Diese Bahnlinie wurde 1912 nach zahlreichen Gelbfieber- und Malaria-Opfern unter den Bauarbeitern unter größten Schwierigkeiten vollendet.

Hatten bereits die Entdeckungs- und Eroberungszüge der Bandeirantes aus São Paulo im 18. Jhdt. auf der Suche nach Gold und Diamanten im südlichen Randgebiet Amazoniens in Mato Grosso (z B. Cuiabá, Barra do Garcas) spontane Siedlungsgründungen bewirkt, die auf der Extraktionswirtschaft basierten, so brachte die Kautschukwirtschaft als neuer extraktiver Wirtschaftszyklus die Entstehung zahlreicher Siedlungen v. a. zwischen 1870 und 1910, die sich aus ursprünglichen Stützpunkten regionaler Händler entwickelten. Dazu gehören u. a. Porto Velho, Rio Branco, Cruzeiro do Sul, Boca do Acre, Lábrea, Brasileia, Itaituba (s. Abb. 3.1/2).

Diese Siedlungsgründungen lagen alle an schiffbaren Wasserläufen, z. T. am Hauptstrom, z. T. an den großen südlichen Nebenflüssen des Solimões/Amazonas bzw. an den dortigen Endpunkten der Flußschiffahrt. Manaus und Belém stiegen als Handelszentren der Sammelwirtschaftsprodukte Amazoniens zu bedeutenden Regionalzentren auf und wurden auch zu Brückenköpfen ausländischer Handelsinteressen in Innerbrasilien.

Nachdem im Jahre 1911 noch eine Kautschuk-Rekordproduktion von 44 300 t im brasilianischen Amazonasgebiet (= 53 % der Weltproduktion) erzielt worden war, kam der Zusammenbruch des Kautschukmonopols Brasiliens kurz vor dem ersten Weltkrieg. Bereits 1876 waren von dem Engländer Wickham größere Mengen Hevea-Samen trotz strengsten Ausfuhrverbots aus Brasilien geschmuggelt worden. Die im Botanischen Garten in London gezogenen Keimlinge wurden nach den britischen Kolonien Ceylon und Malaya gebracht. In Malaya gelang es, unter mit Amazonien vergleichbaren klimatischen Bedingungen und unter Einsatz großer Arbeitermengen, v. a. chinesischer Kulis, Kautschuk in Plantagen anzubauen. Dadurch konnte nicht nur eine gleichbleibende Qualität erzielt werden, sondern auch eine konstante Steigerung der Produktion. Der Plantagen-Kautschuk erwies sich dem Sammelwirtschaftsprodukt Amazoniens in allen Belangen überlegen und war in großen Mengen billiger zu produzieren. 1913 übertraf die Produktion in Malaya erstmals die brasilianische Kautschuk-Erzeugung. Im Jahre 1915 betrug die Produktion in der südostasiatischen Kolonie Großbritanniens bereits das Dreifache der amazonischen.

3.3 Arrondierung des Amazonas-Territoriums

Mit dem Zusammenbruch der Kautschuk-Wirtschaft wurde der Amazonas-Region, die 1930 nur noch 1,6 % der Welterzeugung lieferte, die wirtschaftliche Basis entzogen. Dem abrupten Rückgang der Exportgewinne folgte eine Phase wirtschaftlicher Stagnation. In diesem Zeitraum kam es nur noch ganz vereinzelt zu Siedlungsgründungen im zentralen Amazonien. Dagegen entstanden mit dem von Nordestinos getragenen Vorrücken der „fronteira" nach Maranhão eine Reihe von spontanen Pioniersiedlungen. In den ersten beiden Jahrzehnten des 20. Jhdts. entwickelte sich im Rahmen der staatlich gelenkten Agrarkolonisation im Hinterland von Belém (Zona Bragantina) ein weiteres Netz von Siedlungen, die auf der Entwicklung der regionalen Landwirtschaft im östlichen Amazonien basierten.

Während des 2. Weltkriegs kam es aufgrund der japanischen Besetzung Südostasiens und des damit verbundenen Ausfalls der von dort kommenden Kautschuk-Lieferungen zu Versorgungsengpässen des US-Marktes und dadurch zu einer kurzen Wiederbelebung der amazonischen Kautschuk-Extraktion durch die ,,Soldados da borracha" (,,Kautschuk-Soldaten").

Frühere Versuche von *Henry Ford,* am Rio Tapajós in Fordlândia ab 1927 und in Belterra 1934 Kautschukplantagen anzulegen, scheiterten aufgrund falscher Standortwahl (terra firme in Fordlândia), aus ökologischen Gründen aufgrund von Pilzkrankheiten (Microcyclus ulei), die in den wilden Hevea-Beständen nicht auftraten, sich in den Monokulturen aber schnell verbreiteten, jedoch auch infolge des Mangels an geeigneten Arbeitskräften.

Während der Phase der Kautschuk-Hochkonjunktur hatte es die brasilianische Regierung mit großem Geschick verstanden, das Territorium des Landes im Amazonasgebiet durch günstige vertragliche Vereinbarungen mit den Nachbarn zu arrondieren. Dies betrifft nicht nur die Lösung des Acre-Konflikts mit Bolivien, sondern auch die Beilegung der Grenzstreitigkeiten mit Frankreich (Franz. Guayana/Amapá) im Jahre 1900, mit Großbritannien 1904 (Britisch-Guayana/Roraima; damals Territorium Rio Branco), Peru 1904/09, Venezuela 1905 und Kolumbien 1907. Die für Brasilien großen außenpolitischen Erfolge des *Barons von Rio Branco* mit den vertraglichen Grenzregelungen wurden z. T. erst in den 1960er und 1970er Jahren mit den endgültigen Demarkationsarbeiten an den Landesgrenzen abgeschlossen.

4 Das brasilianische Amazonien im Mittelpunkt staatlicher Entwicklungsstrategien

4.1 Geopolitische Ausgangssituation

Die fehlende Erschließung und siedlungs- und wirtschaftsräumliche Integration des Amazonasgebietes wurden in der ersten Hälfte dieses Jahrhunderts in zunehmendem Maße als politischer Fehler und ökonomische Notwendigkeit angesehen. Von politischer Seite wurde der Mangel an geeigneten Planungskonzepten für diese Region immer häufiger in die Diskussion gebracht.

Die nationalistischen Strömungen des ,,Estado Novo" unter dem Präsidenten *Getúlio Vargas* führten zu einer deutlichen Artikulation der brasilianischen regionalpolitischen Interessen. Das Vortreiben der ,,fronteira" durch den ,,Marsch nach Westen" sollte neue Horizonte öffnen, die faktische Inbesitznahme ,,unseres" Amazonien, wie es *Vargas* 1940 in seinem berühmten ,,Discurso do Rio Amazonas" in Manaus ausführte, als nationale Aufgabe verstanden werden und die neue Aufbruchstimmung der nach der Lethargie der Nach-Kautschuk-Phase dringend notwendigen wirtschaftlichen Entwicklung dienen.

Wenn sich diese Planziele in Amazonien aus finanziellen und organisatorisch-logistischen Gründen auch nicht sofort umsetzen ließen, so zeigte die Einrichtung der Superintendência do Plano de Valorização Econômica da Amazônia (SPVEA) 1953 während der zweiten Regierungsperiode von *Vargas* doch deutlich, daß die Leitziele der Inwertsetzung der natürlichen Ressourcen der tropischen Regenwaldregion sich nun in der Einrichtung einer gezielten regionalen Entwicklungsplanung dokumentierten. Als *Juscelino Kubitschek de Oliveira* im Jahre 1960 seine Präsidentschaft mit der Einweihung der neuen Hauptstadt Brasília krönte, war damit nicht nur der brasilianischen Verfassung Rechnung getragen, sondern die Verlegung des Regierungssitzes in das Landesinnere war auch Teil einer Raumplanungsstrategie für die Entwicklung Zentralbrasiliens. Ohne die Einrichtung von Brasília, das neben der Hauptstadtfunktion einen beträchtlichen Ausstrahlungseffekt auf das Interior ausübte, und ohne die logistische Schlüsselfunktion des 1937 gegründeten Goiânia wäre das systematische Vorrücken der Pionierfront im nördlichen Zentralbrasilien und in den südlichen Randgebieten der Regenwälder Amazoniens und v. a. die Koordination staatlicher Maßnahmen nicht denkbar. Belém und Manaus wurden Brückenköpfe für die Umsetzung der staatlichen Planungsstrategien. Der Pionierzonen-Mythos, verbunden mit der Vorstellung unermeßlicher territorialer Reserven und ungeahnter Bodenschätze, verdichtete sich nicht nur z. T. zu einer fast ideologisch verbrämten El

Dorado-Mentalität, die gern Parallelen zur „Go west"-Dynamik der nordamerikanischen „frontier" zog, sondern ließ sich auch für die Leitideen der Geopolitiker und Militärs nach „Förderung der inneren Expansion" und „Garantie der nationalen Sicherheit" nutzen.

Die brasilianische Sensibilisierung auf dem geostrategischen Sektor ist hinsichtlich Amazoniens historisch bedingt. Bereits die portugiesische Krone mußte ihre „Verfügungsgewalt" über Amazonien gegen frühe französische, holländische und britische Vorstöße verteidigen. Auch in Amazonien wurde die Tätigkeit der Jesuiten Mitte des 18. Jhdts. als gegen die Interessen der Kolonialmacht gerichtet interpretiert und verboten. Selbst *Alexander von Humboldt* durfte nach seiner Entdeckung der das Orinoko- und das Amazonas-Stromsystem verbindenden Casiquiare-Bifurkation nicht den Rio Negro abwärts in die portugiesische Kolonie Brasilien einreisen, da er der Spionage verdächtigt wurde.

Nachdem sich die kaiserliche brasilianische Regierung bis 1867 der Öffnung der Handelsschiffahrt auf dem Amazonas widersetzt hatte, bewirkte der kurz darauf erfolgte Schmuggel von Hevea-Samen aus Amazonien einen im brasilianischen Nationalbewußtsein tiefsitzenden wirtschaftlichen Rückschlag. Auch die Territorialansprüche der Brasilien benachbarten Amazonas-Anliegerstaaten trugen mit dazu bei, daß der kaum besiedelte kontinentale Binnenraum mit seinem nur schwer kontrollierbaren Zugang über die Wasserstraße des Amazonas aufgrund möglicher ausländischer Einflußnahme immer als politisches Sicherheitsrisiko angesehen wurde.

Die immer wieder beschworene Gefahr der Internationalisierung Amazoniens erhielt dann nach dem 2. Weltkrieg neue Nahrung, als versuchte oder mehr vermutete ausländische Einflußnahme heftige brasilianische Reaktionen hervorriefen. Dazu gehört der Vorschlag der UNO 1948 zur Gründung eines internationalen Hyläa-Forschungsinstituts in Manaus ebenso wie die Wiederaufnahme der vagen Diskussionen um die Aufsiedlung der großen „Leerräume" der Erde zum Abbau des asiatischen Bevölkerungsdrucks und die in der Presse hochgespielten irrealen Visionen eines amazonischen Rückzugsgebiets nach einem Atomkrieg auf der Nordhalbkugel. Auch eine 1968 bekannt gewordene Projektstudie des damals unter der Leitung von *Hermann Kahn* stehenden amerikanischen Hudson-Instituts über die Anlage riesiger Stauseen zur Förderung der Binnenschiffahrt über eine Verbindung von Amazonas- und La Plata-Becken sowie zur Energiegewinnung führte zu entrüsteten Stellungnahmen in Brasilien.

Brasilien sah sich nicht nur zur strikten Zurückweisung all dieser mehr oder weniger ernst zu nehmenden Vorschläge als ausländische Einmischungen in die eigenen inneren Angelegenheiten veranlaßt, sondern fühlte sich unter dem Einfluß nationalistischer Kräfte des Militärs unter Zugzwang, durch eine großangelegte Konzeption zur Regionalentwicklung Amazoniens seine Eigeninteressen wahrzunehmen.

Das von der Militärregierung ab 1964 realisierte wirtschaftliche Entwicklungsmodell brachte jedoch als modernisierungstheoretisch fundiertes, wachstumsorientiertes Konzept assoziativ-kapitalistischer Prägung mit dem diesem Modell zugrunde liegenden ausländischen Kapitalzufluß eine neue Phase internationaler Einflüsse in Amazonien, die jedoch auf die Wirtschaftsziele der Regierung ausgerichtet waren.

Zwei Ereignisse — eines im außenpolitischen Bereich, das andere innenpolitisch bedingt — haben die weitere zeitlich-räumliche Entwicklung im Amazonasgebiet entscheidend beeinflußt:

1. Die Erschließungspolitik im amazonischen Oriente Perus und Boliviens mit dem Projekt der Carretera Marginal de la Selva, einer am östlichen Andenfuß verlaufenden Nord-Süd-Straßenverbindung von Venezuela bis Argentinien unter Umgehung von Brasilien. Brasilien fühlte sich in seiner Position als regionale Führungsmacht herausgefordert, ein eigenes Projekt für ein intrakontinentales Fernstraßennetz durchzuführen.

2. Zum eigentlichen Auslöser der staatlichen Entwicklungsprojekte für die Amazonas-Region wurden die zunehmenden sozialen Spannungen im Nordosten. Die von starker innenpolitischer Unruhe gekennzeichnete Situation wurde durch eine Dürrekatastrophe im Sertão zusätzlich verschärft. Vor dem Hintergrund des starken Bevölkerungsdrucks, sehr schlechter Existenzbedingungen der landlosen Bevölkerung und nicht eingelöster Versprechungen zur Durchführung einer Agrarreform befürchtete die Regierung ein Wiederaufleben der mit militanten Aktionen vorgehenden ligas camponesas. Unter diesem Druck — wohl auch unter dem Eindruck einer aktiven, v. a. im Araguaia-Tocantins-Gebiet operierenden Guerrilla — entschied sich die Regierung zu Sofortmaßnahmen:

— zu einem sehr umfangreichen Programm der Infrastrukturentwicklung, v. a. dem Straßenbau,
— zu großen Projekten der gelenkten Agrarkolonisation
— zur Förderung privatwirtschaftlicher Aktivitäten mit der Zielrichtung Arbeitsplatzschaffung in allen Wirtschaftssektoren durch finanzielle Anreize für die Investoren über Steuerermäßigungen.

4.2 Infrastrukturentwicklung

Die staatlichen Maßnahmen zur Infrastrukturentwicklung im Verkehrsbereich gingen vom Planungskonzept sog. Entwicklungsachsen aus. Nachdem jahrhundertelang Entwicklungsansätze nur auf dem Wasserwege als einzigem Zugang in das Amazonasgebiet erfolgt waren, wurde jetzt der *Straßenverkehrserschließung* höchste Priorität zuerkannt. Die Pionierstraßen als Leitlinien der Binnenwanderung nach Amazonien sollten durch die Schaffung von bandartigen wirtschaftlichen Aktivräumen ("Entwicklungskorridore") die Integration Amazoniens begünstigen.

Dies war von besonderer Bedeutung, da die Flußschiffahrt beim Austritt der Nebenflüsse aus den nördlich und südlich anstehenden kristallinen Grundgebirgsmassiven durch Stromschnellen unterbrochen ist und Mittel- und Oberläufe der Nebenflüsse vom Hauptstrom aus nicht zu erreichen waren. Das umfangreiche Straßenbauprogramm ermöglichte Fernverkehrsverbindungen mit Nordostbrasilien und über den Knotenpunkt Brasília mit Südost- und Südbrasilien. Außerdem konnten erstmals die Zwischenstrom-Regionen erschlossen werden.

Bereits Anfang der 60er Jahre war als erste Nord-Süd-Verbindung die ca. 2 000 km lange Straßenverbindung von Brasília nach Belém als unbefestigte Piste eröffnet worden. In der zweiten Hälfte der 60er Jahre entstand eine Trasse von Cuiabá nach Porto Velho, die nach Rio Branco in Acre weitergeführt wurde. Beide Naturstraßen waren jedoch in der Regenzeit unpassierbar.

Ab Anfang der 70er Jahre wurden dann folgende Fernstraßenprojekte in Angriff genommen (s. Abb. 4.2/1).

Ost-West-Achsen:
Transamazônica: Gesamtlänge ca. 5 600 km
Perimetral Norte: ca. 2 300 km (geplante Streckenführung)
Cuiabá-Porto Velho: 1 456 km (Asphaltierung 1984 abgeschlossen)

Süd-Nord-Achsen:
Brasília-Belém: 2 010 km (Asphaltierung 1973)
Cuiabá-Santarém: 1 780 km
Porto Velho-Manaus: 901 km (asphaltiert)
Manaus-Boa Vista: 950 km

Die Bauarbeiten wurden zum Großteil von Privatfirmen, z. T. auch von Straßenbaukompanien des Militärs durchgeführt.

Die *Transamazônica* verbindet die Küste Nordostbrasiliens mit der peruanischen Grenze (Bild 2). Bis heute wurde der letzte Streckenabschnitt in Acre allerdings noch nicht fertiggestellt. Die als Naturstraße ohne feste Decke gebaute Straße verläuft

Bild 2: Die Transamazonas-Straße in Zentral-Amazonien (Bildquelle: *G. Kohlhepp***)**

über 3 500 km durch den Bereich tropischer Regenwälder und ist auch als Verbindung der an den südlichen Zuflüssen des Amazonas gelegenen Endpunkte der Flußschiffahrt gedacht. Der heutige Zustand der Straße ist äußerst schlecht, sie ist in der Regenzeit weithin unpassierbar. Dies zeigt, daß die Unterhaltskosten nicht asphaltierter Straßen in feuchttropischen Regionen mit hohen Niederschlägen aufgrund auftretender Erosionsschäden, Ab- und Unterspülung sowie Überflutungsschäden außerordentlich hoch sind und unbefestigte Straßen keine Verkehrsbedeutung erlangen können.

Der Bau der *Perimetral Norte* nördlich des Amazonas wurde sowohl aufgrund der schwierigen morphologischen Verhältnisse im Randgebiet des Guayana-Massivs, als auch wegen fehlender Projekte Mitte der 70er Jahre gestoppt, nachdem wenige Hundert km beidseits von Caracaraí trassiert waren.

Dagegen hat die 1984 fertiggestellte Bundesstraße 364 *Cuiabá-Porto Velho,* deren Asphaltierung von der Weltbank finanziert wurde, eine große Bedeutung erlangt. Sie ist Leitlinie für die Binnenwanderung zu den Agrarkolonisationsprojekten in Rondônia, die seit Jahren die wichtigsten im Amazonasgebiet sind, für den Abtransport von Zinnerz und für die gesamte Erschließung des westlichen Ama-

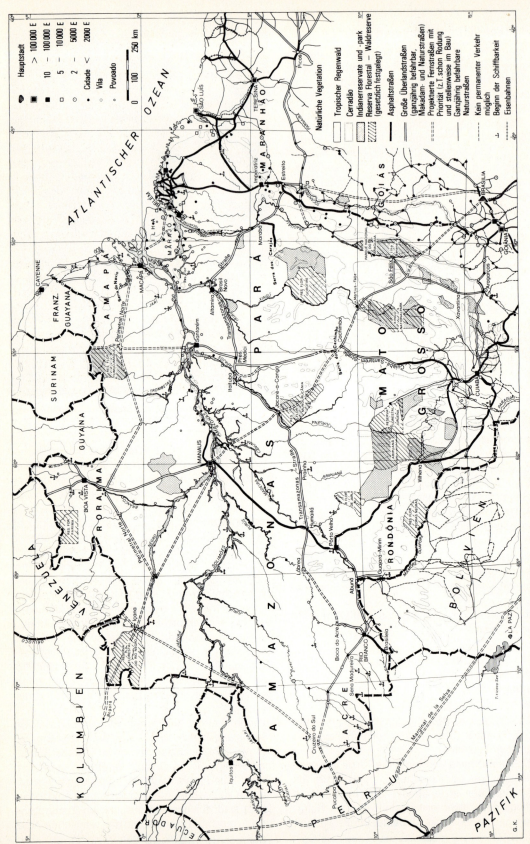

Abb. 4.2/1: Straßenverkehrserschließung (Eigener Entwurf, aktualisiert nach: *Kohlhepp* 1978.3, S. 4/5)

zoniens. Die Weiterführung dieser Straße nach Rio Branco, der Hauptstadt von Acre, wird z. Z. mit Mitteln der Interamerikanischen Entwicklungsbank durchgeführt.

Die zentrale Süd-Nord-Achse *Cuiabá-Santarém* hat als Fernverbindung keine Bedeutung erlangt. Sie ist im südlichen Streckenabschnitt in Mato Grosso für die Regionalentwicklung sehr wichtig. Bisher wurde erst ein kurzer Teilabschnitt asphaltiert.

Die Straßenverbindung *Porto Velho-Manaus* wurde zwar mit einer dünnen Asphaltdecke versehen, die jetzt aber in starkem Maße reparaturbedürftig ist und nur bedingt einen LKW-Verkehr nach Manaus gestattet. Die Strecke *Manaus-Boa Vista,* deren Bau lange Zeit aufgrund der problematischen Auseinandersetzungen mit den Waimirí-Atroarí-Indianern verzögert wurde, ist heute noch in einem prekären Zustand. Eine weiterführende Verbindung nach Caracas besteht.

Hauptverkehrsachse zwischen Nord- und Zentralbrasilien bleibt die *Belém-Brasília-Straße.*

Zahlreiche Querspangen, etwa Marabá-Serra dos Carajás oder Belém-São Luís sind in den letzten Jahren projektbedingt entstanden, einige Straßenabschnitte sind noch im Bau (s. 4.2/2).

Der Straßenbau hat mit der Erschließung der Pionierzonen viele Vorteile für die verschiedensten staatlichen oder privaten Entwicklungsprojekte in der Region gebracht, ja diese z. T. erst durch eine ganzjährig befahrbare Straßen-Verbindung ermöglicht (Bild 3). Andererseits mußten — von den hohen Investitionskosten abgesehen — auch negative Auswirkungen festgestellt werden. Darunter sind in erster Linie die Beeinträchtigung des indianischen Lebensraums sowie Krankheitsübertragungen durch Kontakte der Indianer mit den Straßenbaukolonnen zu nennen. Zum anderen wirken die befestigten Straßen auch als Ventil für die Abwanderung aus anderen Regionen und haben mit dazu beigetragen, die Neusiedlungsgebiete saisonal unabhängig mit Landsuchenden zu überschütten.

Trotz des Straßenbaus kommt der *Binnenschiffahrt* auf einigen Teilstrecken eine besondere Bedeutung zu. Dies gilt etwa für die Strecke Belém-Manaus, auf der große Schubschiffe den Güter-An- und Abtransport für Manaus übernehmen. Die Transamazônica hat hier keinerlei Alternativfunktion übernehmen können. Auch zwischen Porto Velho und Manaus ist die Schiffahrt auf dem Rio Madeira wichtiger als die parallele Straßenverbindung. Der Transport von Bauxit vom Abbaugebiet

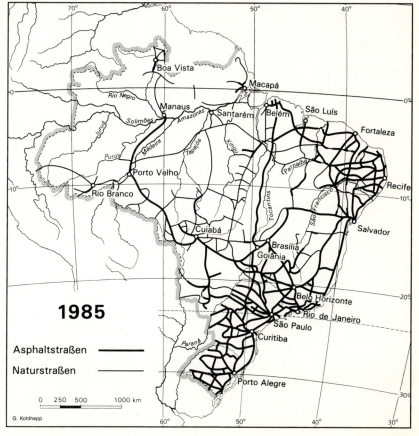

Abb. 4.2/2: Straßenverkehrsnetz in Brasilien 1985 (Eigener Entwurf, nach: Guia Quatro Rodas 1986)

Bild 3: Amazonische Dimensionen: Entfernungsangaben an der Fernstraße Cuiabá—Santarém (Bildquelle: *G. Kohlhepp*)

am Rio Trombetas zu den Aluminiumhütten-Standorten in Barcarena bei Belém oder São Luís kann von Schiffen bis 50 000 tdw durchgeführt werden.

Der *Luftverkehr* hat große Fortschritte gemacht. Alle Hauptstädte der Staaten und Territorien Amazoniens sind in das Düsenflugverkehrsnetz einbezogen. Der Bau zahlreicher Flugplätze und Pisten ermöglicht regionalen Linien, Privatflugzeugen, aber auch dem Militär mit Versorgungsflügen das Erreichen der entferntesten Standorte.

Der *Eisenbahnverkehr* ist nach der durch den Straßenbau bedingten Einstellung der Madeira-Mamoré-Eisenbahn (Porto Velho-Guajará-Mirim) und kleinerer Linien am Tocantins und der Bragantina-Zone auf die Erzbahnen konzentriert. Hier existiert seit 1956 die Bahnverbindung zur Serra do Navio (Manganerzabbau) in Amapá sowie seit jüngerer Zeit die kurze Stichbahn am Rio Trombetas (Bauxit). Das größte Bahnbauprojekt Lateinamerikas in den letzten Jahrzehnten ist die 890 km lange Erzbahnlinie vom Fördergebiet in der Serra dos Carajás (Pará) zur Atlantikküste bei São Luís in Maranhão. Auf dieser Linie werden mit modernster Ausstattung in Zukunft bis zu 50 Mio t Eisenerz, Manganerz, später auch noch Kupfererz transportiert werden können.

Zur Nutzung des *Wasserkraftpotentials* Amazoniens wurden in den letzten Jahren umfangreiche Arbeiten durchgeführt, eine Reihe von Wasserkraftwerken sind im Bau, z. B. in Rondônia, Amazonas, Pará und Amapá. Bereits mit einer Teilproduktion hat das riesige Tucuruí-Kraftwerk am Rio Tocantins 1985 begonnen, das im Rahmen des Grande Carajás-Programms (s. Kap. 8.2) in einer ersten Baustufe 3 900 MW erzeugen und damit die Regionalentwicklung im östlichen Amazonien fördern soll. Die Elektrizitätserzeugung wird v. a. den beiden großen Standorten der Aluminiumindustrie bei Belém und São Luís dienen, aber auch die Anlage von Werken der Eisenindustrie entlang der Erzbahnlinie Carajás-São Luís ermöglichen. Die Versorgung mit hydroelektrischer Energie durch Tucuruí wird der Millionenstadt Belém, die bisher von Wärmekraftwerken auf Rohölbasis versorgt werden mußte, eine Expansion der Industrialisierung erlauben.

Von großer Bedeutung ist im Bereich des *Fernsprech- und Fernmeldewesens* der Ausbau der Infrastruktur. Der Bau von Richtfunkstrecken über viele Tausend Kilometer entlang der großen Straßenachsen und die Nutzung von Fernmeldesatelliten haben zur Integration des vorher größtenteils isolierten Amazoniens in das brasilianische Kommunikationsnetz geführt und äußerst positive regionalwirtschaftliche Auswirkungen gezeigt.

Auch im Bereich des Aufbaus und der Verbesserung der *sozialen Infrastruktur* wurden hohe Investitionen im Gesundheits- und Erziehungswesen getätigt, die allerdings bisher nur teilweise zu den gewünschten Erfolgen führten. Auf diesen Sektoren stehen nicht nur Aufgaben in einer kaum zu bewältigenden Dimension an, sondern die Investitionen wirken sich z. T. auch erst mittelfristig aus.

4.3 Agrarkolonisation und ländliche Siedlungsplanung

Die Diskussion um die Notwendigkeit, die Möglichkeiten und die Formen kleinbäuerlicher Erschließung tropischer Regenwälder ist in den letzten beiden Jahrzehnten zunehmend in den Mittelpunkt der Diskussion auf nationaler und internationaler

Ebene gerückt. Da der Bevölkerungsdruck auf die peripheren Regenwaldregionen zunimmt und das flächenhafte Vorrücken der landwirtschaftlichen „frontier" nicht nur die natürlichen Ressourcen, sondern auch den Lebensraum der Restgruppen eingeborener Bevölkerung bedroht, stellen sich zunehmend Fragen nach „ob", „wo" und „wie" der Agrarkolonisation.

In weiten Teilen Amazoniens muß die Verteilung von Neuland an der Siedlungsgrenze auch als Versuch gewertet werden, von der Notwendigkeit der längst überfälligen Agrarreform in den übrigen Landesteilen abzulenken. Diese Flucht vor den agrarstrukturellen Problemen von Eigentumsverteilung und Bodenbewirtschaftung in den Altsiedlungsgebieten wurde mit den Slogans „Land für alle in Amazonien" oder „Agrarkolonisation als Instrument der Agrarreform" begründet. Dabei waren zu diesem Zeitpunkt auch in Brasilien bereits wissenschaftliche Studien bekannt, die vor der Übernutzung des äußerst labilen Ökosystems tropischer Regenwald warnten. In der Euphorie der „Operation Amazonien" wurde jedoch leichtfertig in propagandistischer Form Biomasse der Regenwälder mit Bodenfruchtbarkeit gleichgesetzt.

Die Planung der staatlichen Behörde für Kolonisation und Agrarreform (INCRA), entlang der großen Fernstraßen bandartige Entwicklungsachsen mit Siedlungsprojekten für Kleinbauern, Halbpächter und landlose Landarbeiter aus dem dürregeplagten Nordosten einzurichten, stand im Mittelpunkt des „Programms der Nationalen Integration" (PIN). Dazu waren insgesamt 200 km breite Korridore entlang der Fernstraßen reserviert, in denen beidseits der zentralen Straßenachse jeweils 10 km für kleinbäuerliche Landwirtschaft zur Verfügung standen. Schon bald nach Beginn der Maßnahmen wurde klar, daß aufgrund der geringen Bodenfruchtbarkeit der terra firme Zentralamazoniens die Agrarkolonisation auf einige wenige Streckenabschnitte konzentriert werden mußte. Kerngebiet wurde zunächst eine 64 000 qkm große Region entlang der Transamazonas-Straße zwischen Rio Xingú und Rio Tapajós (s. Abb. 4.3/1)

Die in der ursprünglichen Planung großangelegte Umsiedlungsaktion von 1 Million Familien aus dem Nordosten wurde nach kurzer Zeit auf 100 000 reduziert. Offiziell angesiedelt und mit 100 ha-Betrieben — aus ökologischen Gründen waren Rodungen nur auf 50 % der Betriebsfläche erlaubt — sowie einigen staatlichen Vorleistungen (Haus, Saatgut, Lebensmittel für 6 Monate) versorgt, wurden bis 1975 schließlich nur 7,5 % dieser Zahl, von denen wieder zahlreiche Siedler abwanderten. Anschließend wurde nur noch die Ansiedlung spontaner Zuwanderer ohne staatliche Unterstützung durchgeführt. Nur ein Drittel der Siedler stammte wirklich aus den Trockengebieten des Nordostens (s. *Kohlhepp* 1976).

Die Gründe für den Mißerfolg der Agrarkolonisationsprojekte an der Transamazônica liegen einerseits in der falschen Einschätzung des natürlichen Potentials: Armut der Böden an anorganischen Nährstoffen und damit geringe landwirtschaftliche Eignung, schneller Humusabbau, Verschlämmung und Verkrustung der Böden, Verunkrautung und starker Schädlingsbefall sind hier u. a. zu nennen. Die Störung des im Ökosystem tropischer Regenwald von der Bodenqualität großenteils unabhängigen Nährstoffkreislaufs durch Brandrodungen ist aber gerade beim Anbau einjähriger Feldfrüchte das zentrale Problem.

Andererseits sind es aber in starkem Maße auch planerische und sozioökonomische Gründe, die die Kolonisation an der Transamazônica zum Fehlschlag werden ließen. Das gesamte Projekt stand aufgrund des politisch bedingten Erfolgszwangs unter enormem Zeitdruck. Dazu kamen organisatorisch-finanzielle Probleme, so z. B. das Scheitern des Auswahlprinzips der Kolonisten, das auf landwirtschaftlicher Erfahrung und physischer Eignung aufgebaut war, sowie die kostenbedingten Schwierigkeiten bei der Bereitstellung von Betriebsmitteln und die notwendigen enormen Investitionen in die Verkehrsinfrastruktur. Unrealistische Landnutzungsmodelle mit Fruchtwechsel und Dauerkulturen einerseits, geringe landwirtschaftliche Erfahrung der Siedler, v. a. in feuchttropischen Regionen, ungeeignetes Saatgut, Mißernten und schneller Ertragsabfall, mangelhafte Beratung, fehlende genossenschaftliche Organisation und geringe Vermarktungsmöglichkeiten sowie der schlechte Zustand der Nebenstraßen andererseits kennzeichneten die Situation an der Transamazônica. Weit verbreitete tropische Infektionskrankheiten, v. a. Malaria, beeinträchtigten zusätzlich die Arbeitskraft der Siedler. Besitzrechtliche Streitigkeiten durch unkontrollierte Zuwanderung taten ein Übriges.

Als ländliche Siedlungsform standen zwei Möglichkeiten zur Diskussion:

1. Ein System von Gruppensiedlungen, die nach der funktionalen Ausstattung zentralörtlich differenziert werden sollten.

2. Streusiedlung in der im brasilianischen Kolonisationsgebiet traditionellen Form der Einzelhofreihe mit Streifeneinödflur entlang der Haupt- und Nebenstraßen.

Aufgrund der Möglichkeit einer besseren sozialen Kommunikation sowie einer Steigerung der Qualität der Lebensbedingungen durch Elektrizitäts- und Wasserversorgung sowie sanitäre Installationen

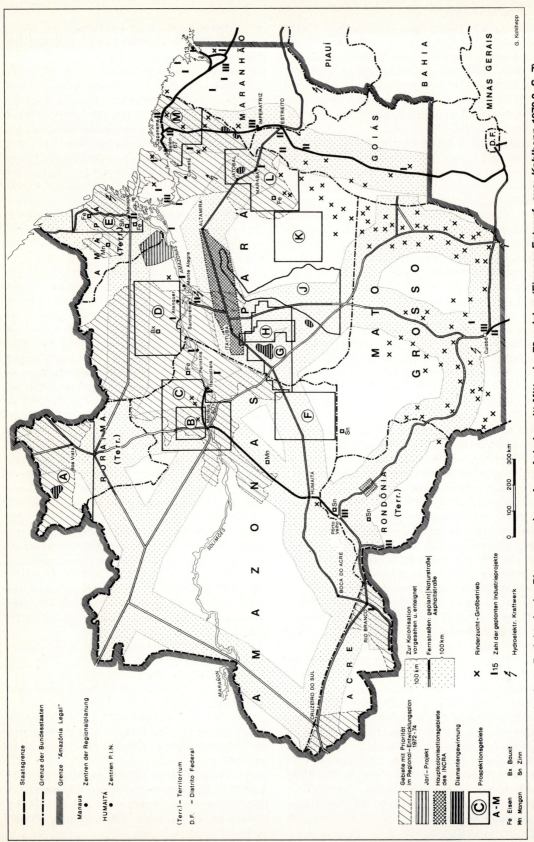

Abb. 4.3/1: Staatliche und private Projekte in der Planungsregion „Amazônia Legal" Mitte der 70er Jahre (Eigener Entwurf, aus: Kohlhepp 1978.3, S. 7)

wurde die Einrichtung eines Siedlungssystems von nach den zentralen Funktionen gestuften Mittelpunktsiedlugen beschlossen. Dabei ging die Planungsabteilung des INCRA von dem Modell einer dreistufigen Hierarchie von zentralen Orten aus (Kohlhepp 1978.1):

a) *Agrovila* als zentraler Ort unterster Stufe mit einer sehr einfachen Grundausstattung von Funktionen für die Kolonistenbevölkerung eines Parzellenverbandes (gleba). Der Ort war in der Anfangsstufe für ca. 50 Familien (300 Personen) angelegt (Bild 4), ein Ausbau für bis zu 300 Familien war vorgesehen.

b) *Agrópolis* als zentraler Ort mittlerer Stufe (bis zu 3 000 Einwohner) mit gehobenen Versorgungseinrichtungen und Dienstleistungskapazitäten für einen Einzugsbereich von ± 10 km.

c) Die *Rurópolis* als zentraler Ort oberster Stufe sollte die Funktion eines Regionalzentrums übernehmen und als „Landstadt" mit entsprechenden zentralen Funktionen versehen sein: Gymnasium, technische Fachschule, Bibliothek, Kino, Krankenhaus, Banken, ein erweitertes Angebot an Versorgungsgütern des täglichen, aber auch des Spezialbedarfs, Großhandels- und Industriebetriebe u. a.

Der Standort vieler Agrovilas erwies sich nicht nur aus topographischen Gründen, sondern auch aufgrund der von den in den Agrovilas wohnenden kleinbäuerlichen Siedlern zu ihren Parzellen zurückzulegenden Entfernungen, die — entgegen der Planungen — bis zu 15 km betrugen, als ungünstig. Dies lag einmal daran, daß zahlreiche Kolonisten aus Gründen der Bodenqualität und Reliefierung des Geländes nicht die vorgesehenen Parzellen erwarben, zum anderen ist die Ursache dieses Problems in der Größe der 100 ha-Parzellen sowie im nicht erfolgten Bau, z. T. auch in der Aufgabe einiger Agrovilas zu suchen.

Da die Siedler weder Wagen, noch Reit- oder Zugtiere besitzen, kann eine solche Distanz nicht in Form eines täglichen Pendelns zurückgelegt werden. Dies hat dazu geführt, daß einige Familienmitglieder, z. T. aber auch die ganze Familie, in aus Bambus errichteten Hütten auf ihrer Parzelle hausen und nur zum Wochenende in die Agrovilas kommen, die wochentags fast ausgestorben scheinen.

Als der wirtschaftliche Mißerfolg zu starker Abwanderung führte und die Koordination der Ansiedlung nicht mehr gelang, brach auch das System der geplanten zentralen Orte zusammen. Damit scheiterte auch das mit zentralen Versorgungseinrichtungen für die ländliche Bevölkerung versehene dörfliche Siedlungskonzept, das zu wenig Praxisnähe aufwies. Das Beispiel zeigt, daß die Entwicklung eines zentralörtlichen Systems nur dann erfolgreich ablaufen kann, wenn die funktionale Stufengliederung der geplanten Siedlungen der Bedürfnisstruktur der regionalen Bevölkerung entspricht. Die strukturell bedingte Problematik der Agrovilas, des untersten Gliedes im System der zentralen Orte, hat die Entwicklung zentraler Orte der nächsthöheren Stufe verhindert. Einige Agrovilas wurden bereits zu Siedlungswüstungen, andere nicht mehr mit den geplanten zentralen Einrichtungen Krankenstation, Grundschule, Gemischtwarenladen, Wasser- und Elektrizitätsversorgung versehen. Von den zentralen Orten bestehen nur Prototypen. Die als Regionalzentrum geplante Rurópolis Presidente Medici an der Kreuzung der Transamazônica und der Fernstraße Cuiabá-Santarém befindet sich im Stadium totaler Stagnation, ja des Verfalls.

Der Schwerpunkt der staatlich gelenkten kleinbäuerlichen Kolonisation hat sich seit Mitte der 70er Jahre ganz eindeutig nach Rondônia im südwestlichen Amazonien verlagert. Die dortigen natürlichen Gegebenheiten erwiesen sich aufgrund des Vorkommens von terra-roxa-Böden aus der Verwitterung diabasischer Intrusivkörper im Vergleich zu den terra-firme-Gebieten Zentralamazoniens als günstiger. Die Lokalisation der ersten Kolonisationsprojekte um Ouro Preto und Jarú basierte auf der regional begrenzten Verbreitung dieser Böden (Bild 5). Die landwirtschaftliche Ausrichtung der Kolonisten, die in der ersten Phase großenteils aus Minas Gerais, Espírito Santo und Paraná kamen und doch z. T. über etwas Eigenkapital — zumeist aus dem Verkauf ihrer Minifundien — verfügten, berücksichtigt die Kombination von einjährigen Kulturpflanzen (Grundnahrungsmittel: Bergreis, Bohnen, Maniok, Mais) im System der Landwechselwirtschaft und Dauerkulturen (Kakao, Kaffee als cash crop).

In der zweiten Hälfte der 70er Jahre drang die landwirtschaftliche Pionierfront entlang der Leitachse der Straße Cuiabá-Porto Velho immer schneller vor. Die kleinbäuerliche Kolonisation spielte sich in drei Formen ab:
— Integrierte Kolonisationsprojekte (PIC)
— Projekte mit gelenkter Ansiedlung (PAD)
— Ansiedlung spontaner Kolonisten.

Wurden zwischen 1970 und 1975 mit voller Unterstützung von INCRA fünf PIC gegründet (s. Abb. 8.1/1 u. Tab. 8.1/1), so entstanden 1974 und 1975 Projekte, bei denen INCRA nur noch administrative Funktionen übernahm. Bis 1977 waren in Rondônia im Rahmen der jüngeren Programme 12 660 Familien angesiedelt. Allerdings waren die Aufnahmekapazität der Projekte und die Finanzierungsmöglichkeiten aufgrund der schnell zunehmenden Zuwanderung bald erschöpft, so daß zwischen 1979 und

Bild 4: Agrovila bei Altamira/Pará (Bildquelle: *G. Kohlhepp*)

1981 die staatlichen Organe spontane Zuwanderer ohne jede infrastrukturelle Vorleistung ansiedelten. Zwischen 1970 und 1980 betrug die durchschnittliche jährliche Wachstumsrate der Bevölkerung in Rondônia 15,8 % und die Gesamtbevölkerung des damaligen Territoriums stieg um das 4,5fache auf etwa eine halbe Million. Anfang der 80er Jahre wurde dann mit dem POLONOROESTE-Programm eine neue Phase der Agrarkolonisation und der integrierten ländlichen Entwicklung in Rondônia eingeleitet, auf die in Kap. 8.1 eingegangen wird. Nachdem ein privates Kolonisationsprojekt (Gleba Ariños) im nördlichen Mato Grosso unter großen Schwierigkeiten in den 60er Jahren Pionierfunktionen übernommen hatte, wurden erst ab Mitte der 70er Jahre in der Planungsregion ,,Amazônia Legal" wieder private klein- und mittelbetriebliche Agrarkolonisationsvorhaben genehmigt. Deren Projektgebiete erstrecken sich entlang und in der Nähe des südlichen Streckenabschnitts der Fernstraße Cuiabá-Santarém (Sinop, Colider, Alta Floresta u. a.). Einige dieser Projekte verfolgen z. T. kapitalorientierte Wirtschaftsziele, u. a. die Äthylalkoholgewinnung aus Maniok.

4.4 Entwicklungspol-Strategie im POLAMAZÔNIA-Programm

Nachdem zunächst die staatlich gelenkte kleinbäuerliche Agrarkolonisation mit betont sozialer Zielsetzung als Grundlage der offiziellen Entwicklungsstrategie für das Amazonasgebiet verkündet

Bild 5: Dynamische Pionierstadt in Rondônia (Bildquelle: *G. Kohlhepp*)

wurde, begann Ende 1974 eine zunehmende Verlagerung staatlicher Interessen auf den Privatsektor mit steuerbegünstigten Großprojekten auf rein ökonomischer Basis. Die Devise „Amazonien mit Nordestinos zu besiedeln" (Präsident *Medici* 1970) wich der Auffassung, daß der landwirtschaftliche Erfolg nur auf unternehmerischer Basis erzielt werden könne und daß „es sinnlos sein würde, die Ländereien Amazoniens denen zu überlassen, die weder technsich noch finanziell in der Lage sind, sie zu explorieren" (Landwirtschaftsminister *Paulinelli* 1974).

Fast übergangslos erfolgte die räumliche Projektion des „brasilianischen Entwicklungsmodells" auf Amazonien in Form konzentrierter privatwirtschaftlicher Aktivitäten des Agrobusiness, von Bergbauunternehmen und Industriefirmen. Dies führte in Brasilien zum Vorwurf, daß die Agrarkolonisation nur temporär eine Alibifunktion bei der Raumerschließung Amazoniens übernommen habe. Diese neuen Projekte unterlagen zwar einem Genehmigungsverfahren der regionalen Planungsbehörde SUDAM, besitzen jedoch — wie die Praxis zeigte — einen beachtlichen Aktionsspielraum.

Seit 1975 wurde im Rahmen des 2. Entwicklungsplans für Amazonien (1975/79) nicht mehr das Konzept der Entwicklungsachsen, sondern als neue Strategie regionaler Entwicklungsplanung und wirtschaftsräumlicher Ordnung die Konzeption der sog. Entwicklungspole propagiert, mit der Absicht, die interregionalen Unterschiede wirtschaftlicher Entwicklung abzubauen. War die Einrichtung der Freihandelszone in und um Manaus 1967 bereits ein erster Ansatz, so basieren die jetzt genannten, nur relativ oberflächlich definierten Entwicklungspole auf zwei oder drei sektoralen Schwerpunkten: den Ressourcen mineralischer Rohstoffe, agrarbzw. viehwirtschaftlicher Landnutzung auf der Basis von Großbetrieben oder auf agroindustriellen Möglichkeiten in 15 ausgewählten Regionen. Die Prioritätsbereiche regionaler Entwicklung wurden im sog. POLAMAZÔNIA-Programm festgelegt. Für jedes dieser Gebiete sollte ein integrierter Entwicklungsplan erstellt werden, in dem die Lokalisation von Entwicklungspolen und die endgültige Abgrenzung der Prioritätsbereiche festgelegt wurde. Dies ist jedoch nur teilweise geschehen.

In gezielter Form wurde die in der zweiten Hälfte der 60er Jahre entstandene Freihandelszone um die Stadtregion Manaus, deren Verwaltung einer vom Innenministerium kontrollierten Behörde (SUFRAMA) untersteht, zu einem Entwicklungspol ausgebaut. Durch steuerliche Erleichterungen und den Erlaß von Einfuhrzöllen sollten der 1 400 km westlich von Belém in Inner-Amazonien gelegenen Hauptstadt des Staates Amazonas starke wirtschaftliche Impulse gegeben werden, mit erhofften positiven Ausstrahlungseffekten auf die gesamte Westregion des brasilianischen Amazonasbeckens.

Ab 1973 wurde der Schwerpunkt vom Handels- auf den Industriesektor verlagert. Vor dem Hintergrund vielfältiger staatlicher Subventionen ließen sich zahlreiche Betriebe in Manaus nieder, zumeist Filialbetriebe südost- und südbrasilianischer Industriefirmen, die anfangs aber fast ausschließlich noch die Montage importierter ausländischer Halbfabrikate durchführten. Mit der Einrichtung eines infrastrukturell sehr gut ausgestatteten Industrieparks mit 16 qkm Grundfläche bekam der Industriestandort Manaus nach den finanziellen Vergünstigungen nun auch eine physische Standortqualität, die durch das Vorhandensein zahlreicher billiger, wenn auch ungelernter Arbeitskräfte weiter aufgewertet wurde.

Die Zahl der Betriebe nahm aufgrund der staatlichen Förderungspriorität in den 70er Jahren schnell zu. Anfang 1980 bestanden 186 Betriebe mit fast 41 000 Arbeitsplätzen. Bis Ende 1984 hat die Zahl der Industriebetriebe trotz der Wirtschaftskrise Brasiliens um mehr als ein Drittel auf 259 zugenommen, die 45 000 Menschen beschäftigten. Weitere 44 Betriebe mit über 8000 Arbeitsplätzen sind im Aufbau oder definitiv projektiert, so daß die Gesamtzahl der Betriebe 300 übersteigen wird, in denen mehr als 53 000 Menschen Arbeit finden. Dies ist für den Arbeitsmarkt eine außergewöhnlich günstige Situation.

Die staatlichen Subventionen machen es möglich, daß Industriebranchen führend vertreten sind, die am Standort Manaus im Normalfall keinerlei Standortvorteile hätten. Dies gilt insbesondere für die Elektro- und Elektronikindustrie, die über 25 % der Investitionen und mehr als 38 % der Arbeitskräfte stellt. Artikel der elektronischen Unterhaltungsbranche, Farbfernsehgeräte, Videokassetten, Magnetbänder, Tonbandgeräte, Radios und Plattenspieler, aber auch elektronische Taschen- und Tischrechner, Quarzuhren, Registrierkassen sowie Motorräder, Fahrräder und Produkte der Kunststoff- und Textilindustrie werden u. a. am Standort Manaus produziert. Nur Holz- und Nahrungsmittelindustrie sowie die Branche Steine und Erden sind großenteils rohstofforientiert lokalisiert.

45 % der Industriebetriebe der Freihandelszone liegen im Industriepark Manaus, dessen Aufnahmekapazität bereits erschöpft ist. Ein zweiter Industriepark ist vorgesehen, hat sich aufgrund der allgemeinen gesamtbrasilianischen Rezession der letzten Jahre aber erst zögernd entwickelt.

Der „künstliche" Aufschwung des spezifisch strukturierten Industriesektors in Manaus, dessen

Bild 6: Manaus. Starke Zuwanderung führt zur Siedlungsverdichtung an der städtischen Peripherie (Bildquelle: *G. Kohlhepp*)

Exportorientierung zunimmt, läßt Fragen nach der Kontinuität und Selbstständigkeit dieser Entwicklung berechtigt erscheinen. Zunächst ist völlig offen, ob die Garantiefrist der Steuervergünstigungen für die industrielle Produktion in Manaus nach Ablauf der jetzigen gesetzlich gesicherten Phase im Jahre 1997 verlängert werden wird. Wenn auch der „nationale" Anteil an Halbfertigprodukten sehr hoch ist, so sind zahlreiche Produktionsabläufe auf reine Montage fixiert. Eine Aufkündigung der steuerlichen Standortvorteile würde der „verlängerten Werkbank" Manaus im brasilianischen industriellen Spektrum in starkem Maße die Existenzberechtigung entziehen. Die Auswirkungen einer solchen Situation wären für die Beschäftigungslage in Manaus katastrophal, da die Filialbetriebe ihre Produktion entweder automatisieren oder Fertigungsbereiche stillegen würden. Für die großen Zuwanderermengen (Bild 6), die von der Industrieansiedlung angezogen wurden, aber nur teilweise Beschäftigung fanden, wären kaum Arbeitsplatzalternativen vorhanden, zumal die Arbeitskräfte häufig nur für einen speziellen Fertigungs-Teilprozeß angelernt wurden.

Einen regionalen Entwicklungsimpuls hat der „Pol" Manaus im zentralen und westlichen Amazonien in der Form von Ausstrahlungseffekten bisher nur sehr bedingt bewirken können. Sehr viel stärker ist allerdings eine andere Folge zu bemerken, die sich in einer starken Sogwirkung auf das Umland äußert und zu einer zunehmenden Entleerung der stadtnahen Region geführt hat.

Ein weiteres Phänomen, das mit der Freihandelszone verbunden ist, macht sich im innerstädtischen Bereich von Manaus bemerkbar. Zahlreiche Geschäfte mit zollfreien Waren sind in der Innenstadt konzentriert und bieten dem brasilianischen Binnentouristen, der Waren im Wert von einigen Hundert Dollar dort zollfrei einkaufen kann, ein beliebtes Kaufvergnügen.

5 Ausgewählte privatwirtschaftliche Aktivitäten

5.1 Abbau und wirtschaftliche Bedeutung mineralischer Rohstoffe

Die Kenntnis der geologischen Verhältnisse Amazoniens und die Entdeckung und Erschließung neuer Erzlagerstätten haben seit 1970 v. a. durch die mit hohem technischen Aufwand betriebene Aufnahme durch Radar-, Infrarot- und Multispektral-Luftbilder und deren Auswertung im RADAM-Projekt erhebliche Fortschritte gemacht. Zahlreiche Prospektionslizenzen für z. T. sehr große Areale wurden an in- und ausländische Unternehmen vergeben (s. Abb. 4.3/1); dabei entstanden auch bedeutende „joint ventures".

Der Abbau mineralischer Rohstoffvorkommen konzentriert sich — mit Ausnahme der weit verstreuten Gold- und Diamantenwäscherei — bisher noch auf wenige Standorte, deren Reserven weltwirtschaftliche Bedeutung erlangt haben.

Seit Mitte der 50er Jahre werden im Territorium Amapá in der in etwa 150 km Küstenentfernung gelegenen Serra do Navío von der brasilianischen Icomi-Gruppe in einem joint venture mit der Bethlehem Steel Corp. (USA) hochwertige Manganerze abgebaut, deren Mn-Gehalt bei 48—50 % liegt. Die Mangan-Reserven der Serra do Navío, die mit dem am Amazonas-Nordarm gelegenen Exporthafen Porto Santana durch eine Erzbahn verbunden ist, neigen sich langsam dem Ende zu. 1984 betrug die Förderung von Manganerzen 2,2 Mio t (= 63 % der Produktion Brasiliens), das in der Pelletisierungsanlage aufbereitete Endprodukt 1,66 Mio t. Die von dem Bergbauunternehmen ausgehenden Impulse haben die regionale Wirtschafts- und Sozialstruktur stark beeinflußt (s. *Kohlhepp* 1977).

Der Zinnerz (Kassiterit)-Abbau in Rondônia wurde in den 70er Jahren vom arbeitsintensiven Zinnwäscher-Stadium auf moderne hydraulische Waschverfahren auf Konzernbasis umgestellt. Die Produktion belief sich 1984 auf 9700 t (= 48 % Brasiliens). Die in den 60er Jahren entdeckten umfangreichen Bauxitvorkommen am Rio Trombetas, einem nördlichen Zufluß des Amazonas in Pará, werden von einem Firmenkonsortium abgebaut, bei dem die mehrheitliche staatliche Cia. Vale do Rio Doce (CVRD) mit 46 % und eine Gruppe ausländischer Aluminium-Produzenten (u. a. Alcan 19 %) beteiligt sind. Von den ca. 3 Mrd. t bekannten Bauxitreserven in Amazonien konzentrieren sich 1 Mrd. t im Trombetasgebiet. Aufgrund politischer Instabilität in den Hauptproduktionsländern Jamaika, Guyana und Suriname versuchte Brasilien in den 70er Jahren auf dem Bauxit-Weltmarkt verstärkt Fuß zu fassen, aber auch die eigene Tonerde- und Aluminiumproduktion erheblich zu steigern, was inzwischen im Rahmen des Grande Carajás-Programms im Gange ist. Die günstige Lokalisation der Bauxitvorkommen am Trombetas erforderte den Bau einer nur 26 km langen Erzbahn zum Flußhafen, der für Schiffe bis 50 000 tdw ausgelegt ist. Die Förderung erreichte 1984 bereits fast 8 Mio. t, was 77 % der brasilianischen Produktion entspricht.

Die mineralischen Rohstoffvorkommen der bis über 900 m ü. NN. aufsteigenden Serra dos Carajás, 550 km südwestlich von Belém im östlichen Pará, übertreffen alle bisherigen Voraussagen. Die 1967 entdeckten Eisenerzvorräte (18 Mrd. t Hämatit; 66 % Fe-Gehalt) sind die größten bisher bekannten Lagerstätten der Erde. Außerdem sind bedeutende Kupfervorkommen, Mangan-, Nickel-, Bauxit- und Zinnerzvorkommen in der engeren Carajás-Region entdeckt worden. Nach dem Scheitern eines joint venture mit U. S. Steel übernahm die brasilianische CVRD nicht nur den Eisenerzbergbau, sondern im Projekt „Ferro Carajás" auch den Bau einer Erzbahnlinie zum 890 km entfernten Atlantik sowie den Bau des Tiefwasserhafens Ponta da Madeira bei São Luís in Maranhão für Erzfrachter bis 280 000 tdw. Auf den aktuellen Entwicklungsstand im Gebiet der Serra dos Carajás wird in Kap 8.2 bei der Behandlung des Regionalentwicklungsprogramms Grande Carajás eingegangen.

Für besondere Unruhe haben im Amazonasgebiet immer wieder Gold- und Diamantenfunde gesorgt, die von Garimpeiros (Goldwäscher) ausgebeutet werden. Dies geschah lange Zeit in traditioneller Weise in vielen Teilen Amazoniens fast ohne jegliche staatliche Kontrolle.

Die bedeutenden Goldvorkommen in der Serra Pelada östlich der Serra dos Carajás haben Ende der 70er Jahre zu einem wahren „Goldrausch" geführt. Zehntausende von Goldsuchern haben auf einem Areal von wenigen Hektar auf Hangterrassen kleine und kleinste „claims" abgesteckt. Das abgebaute Sand- und Schottermaterial muß über Leitern in Säcken abtransportiert werden. Die Gefahr von Erdrutschen ist enorm und während der Hauptregenzeit muß der Abbau eingestellt werden. Heute sind etwa 80 000 Goldsucher in der Serra Pelada, die Camp-artig gesichert ist und staatliche Gold-Aufkaufstellen besitzt. Bis heute wurden über 45 t Gold gewonnen. Als das Bergbauministerium und eine CVRD-Tochterfirma, die die Schürfrechte besitzt, die Mechanisierung des Goldbergbaus durchsetzen wollten, kam es zu gewaltsamen Auseinandersetzungen mit den Goldgräbern.

Der Reichtum Amazoniens an Bodenschätzen läßt sich noch nicht übersehen. Bisher wurden umfangreiche Eisen- und Manganerz-, Bauxit- und Zinnsteinvorkommen sowie Kupfer-, Nickel-, Blei-, Zink-, Uran-, Kaolin- und Salzlagerstätten entdeckt. Der westliche Teil des Amazonasgebietes (Oberamazonien) ist jedoch bis heute noch kaum erforscht.

Bohrungen der staatlichen Erdölgesellschaft Petrobras in Inneramazonien waren bisher nicht erfolgreich. Dagegen bestehen bei den off-shore-Bohrungen vor der Amazonasmündung günstige Aussichten auf Erdölvorkommen.

Die Aktivitäten von Bergbaugesellschaften in Nationalparks, Indianerreservaten und Waldreserven haben allerdings auch zahlreiche Interessenkonflikte verursacht (s. Kap. 7).

5.2 Rinderweidewirtschaft

Das Eindringen großer Rinderfarmen in die Übergangswälder des Cerradão und der tropischen

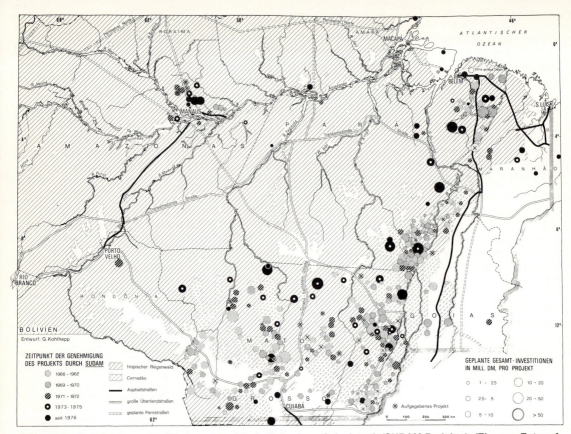

Abb. 5.2/1: Entwicklung der Rinderweidewirtschaft in Amazônia Legal (SUDAM-Projekte) (Eigener Entwurf, aktualisiert nach: *Kohlhepp* 1979, Abb. 2)

Regenwälder Amazoniens ist ein ebenso spektakulärer wie aus regionalpolitischer, sozialer, ökonomischer und ökologischer Sicht vielkritisierter Vorgang. Nachdem im Norden Brasiliens die geringe Rinderhaltung bis in die 60er Jahre an Bedeutung abnahm, hat diese Region im letzten Jahrzehnt mit ca. 131 % die bei weitem höchsten Zuwachsraten erreicht.

Diese Entwicklung im Amazonasgebiet basierte ganz entscheidend auf staatlichen regionalen För-

Bild 7: Anlage von Rodungsweiden für Rinderweidewirtschaftsbetriebe (Bildquelle: *G. Kohlhepp***)**

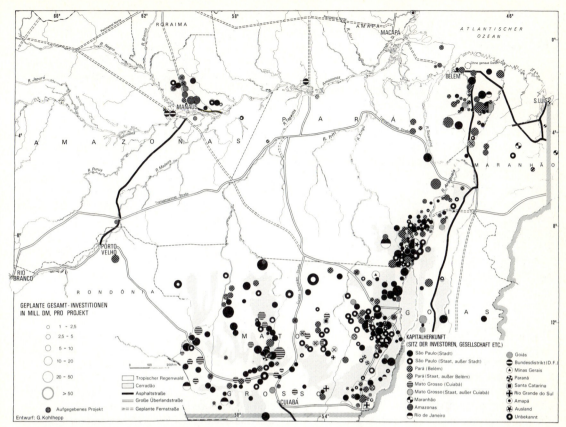

Abb. 5.2/2: **Kapitalherkunft des Agrobusiness in Amazonien am Beispiel der Rinderfarmen** (Eigener Entwurf, aktualisiert nach: *Kohlhepp* 1979, Abb. 3)

dermaßnahmen mittels einer Politik der Investitionslenkung durch steuerliche Anreize. Die staatlichen Impulse konzentrierten sich insbesondere auf die Förderung großer Mittel- und Großbetriebe und räumlich auf den Bereich der Rodungsweidewirtschaft in den Übergangswäldern zwischen Feuchtsavannen und tropischen Regenwäldern sowie auf die immerfeuchten Regenwaldgebiete im S, SO und O Amazoniens.

Im historischen Ablauf war diese moderne Entwick-

Bild 8: Jungrinder auf der Fazenda von Volkswagen do Brasil (Bildquelle: *G. Kohlhepp*)

lung nach der Rinderhaltung auf den Überschwemmungs-Campos der Insel Marajó im Amazonas-Mündungsgebiet seit Ende des 17. Jhdts., der Ausdehnung auf die natürlichen Campos von Amapá und Roraima und der Anlage kleiner Kunstweiden im terra firme-Bereich (Zona Bragantina u. a.) in jüngerer Zeit die vierte Phase der amazonischen Rinderweidewirtschaft.

Die Kunstweiden der mit hohem technischen und finanziellen Aufwand arbeitenden Großbetriebe eröffneten mit Bestockungsdichten, die um das 5—6fache über denen der Campos lagen, neue Perspektiven für die Weidewirtschaft, zumal gleichzeitig weltweit eine erhöhte Nachfrage nach billigem Rindfleisch einsetzte.

Bis zu 50 % der fälligen Körperschaftssteuer konnte in Projekten im Amazonasgebiet als Venture-Kapital investiert werden, falls die Projektanträge von der für die Entwicklung der Planungsregion „Amazônia Legal" zuständigen Regionalplanungsbehörde SUDAM genehmigt wurden. Dazu kamen Steuerbefreiungen für die Zeit von 12 Jahren.

Die Rinderhaltung im Amazonasgebiet sollte die für Brasilien charakteristischen Produktions- und preislichen Oszillationen auf dem Rindfleisch-Sektor ausgleichen, da weder winterliche Kühle noch eine ausgedehnte Trockenzeit auftreten, die im Süden, in Zentralbrasilien, Teilen des Südostens und im Nordosten die Rinderhaltung beeinträchtigen.

Unter Ausnutzung der sehr geringen Landpreise in Amazonien sicherten sich wirtschaftliche Interessengruppen Großgrundbesitz in dieser Region. Die Möglichkeit der Nutzung erheblicher Steuer-Ermäßigungen, sowie günstiger Kreditkonditionen ließ in- und ausländische Konzerne und Finanzgruppen aktiv werden. Die traditionelle Viehzüchter-Schicht, v. a. aus Minas Gerais, São Paulo und Mato Grosso, arbeitete häufig als Partner oder als Subunternehmer branchenfremder Investoren. Banken- und Versicherungsgruppen, Immobilienfirmen, Bergbau-, Transport- und Straßenbau-Unternehmen sowie Industriekonzerne der verschiedensten Branchen nationaler und multinationaler Herkunft richteten Viehzucht-Projekte ein (s. Abb. 5.2/1 u. 2). Bei den nicht-brasilianischen Investoren spielt dabei die Reinvestition erwirtschafteter Gewinne und die Risikoverteilung durch Branchenstreuung neben den Steuerersparnissen die entscheidende Rolle.

Alle Betriebe sind gesetzlich verpflichtet, aus ökologischen Gründen nur maximal 50 % ihrer im Regenwald liegenden Betriebsflächen zu roden. Die sehr schwierige Überwachung dieser Vorschrift obliegt der staatlichen Forstbehörde (IBDF). Die Betriebsgrößen schwanken zwischen weniger als 10 000 und mehreren Hunderttausend Hektar, wobei die Mindestgröße der in den letzten Jahren genehmigten Projekte bei 15 000 ha, die Maximalgröße bei 60 000 ha liegt.

Die Grasaussaat erfolgt nach der Brandrodung zumeist per Flugzeug. Dabei werden afrikanische Gräser, u. a. das Guinea-Gras (Panicum maximum), bevorzugt, das einen relativ guten Nährstoffgehalt besitzt, gegen Trockenheit nicht sehr empfindlich ist und gegen Verunkrautung resistent ist. Das Gras wird bis 3 m hoch, ist büschelständig, wird aber mit der Beweidung gut bodendeckend. Zur Bodenverbesserung, Erhaltung der Bodenfruchtbarkeit und zum Schutz gegen Erosionsanfälligkeit wird eine Leguminosenart (Pueraria phaseoloides) angepflanzt, die tief wurzelt, eine sehr gute Stickstoff-Fixierung im Boden erreicht, mit dem Guinea-Gras gut verträglich ist und einen hohen Futterwert (Proteingehalt) besitzt.

Bei der Grasaussaat, der Weidepflege und den damit verbundenen Maßnahmen zur Erhaltung der Bodenfruchtbarkeit bestehen von Betrieb zu Betrieb sehr große Unterschiede. Hier werden häufig die entscheidenden Fehler und Versäumnisse begangen, die sich später in einer verstärkten Erosion und Degradierung der Weiden rächen.

Die Bestockung der Weiden wird mit an tropisches Klima adaptierten, gegen Krankheiten wenig anfälligen Zebu-Rindern (Varietät Nelore), Kreuzungen von Zebu mit europäischen Rassen und einheimischem criollo-Vieh durchgeführt. Eine Bestockungsdichte von 1,7—1,9 Großvieheinheiten (GVE) pro Hektar Weidefläche wurde z. T. bereits erreicht, im Durchschnitt werden 1—1,5 erwartet. Wirtschaftsziele sind die Zucht, Aufzucht und Mast sowie an einigen zentralen Orten die angegliederte Fleischverarbeitung. Der Fleischexport in großem Maße ist ein Fernziel, das durch das geplante und teilweise schon erfolgte Engagement weltmarktbeherrschender Fleischverarbeitungskonzerne in Amazonien realisiert werden soll. Brasilien genießt wie die übrigen Länder des tropischen Lateinamerika den Vorteil, daß die durch Tsetse-Fliegen übertragene Nagana-Seuche, die im innertropischen Afrika die Rinderhaltung weitgehend verhindert, in der Neuen Welt unbekannt ist. Viehseuchen sind in den jungen Weidegebieten Amazoniens noch kaum aufgetreten. Zur Zeit wird fast ausschließlich noch der heimische Markt versorgt, da Importrestriktionen der EG und der USA sowie temporäre Exportbeschränkungen aufgrund von Fleischmangel in Brasilien bestehen.

Als in den Nationalen Entwicklungsplänen der Rinderweidewirtschaft ein sehr hoher Stellenwert eingeräumt wurde und die Regierung immer dringli-

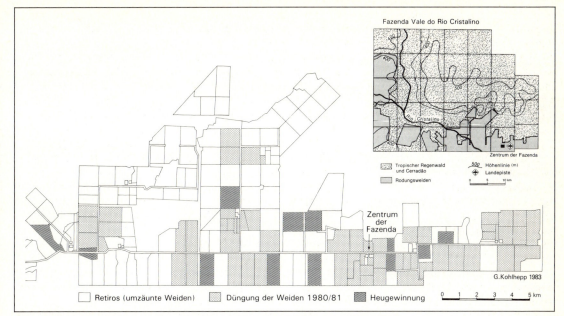

Abb. 5.2/3: Fazenda Vale do Rio Cristalino (VW do Brasil) (Eigener Entwurf)

cher nach privaten Investoren für das Amazonasgebiet suchte, entschloß sich z. B. auch Volkswagen do Brasil im Jahre 1973, in Südost-Pará eine Rinderfarm einzurichten. Diese Fazenda besitzt eine Fläche von 140 000 ha, von der bis 1985 entsprechend der gesetzlichen Auflagen 53 000 ha gerodet wurden. Die VW-Fazenda hat mit der Weidedüngung und der Heugewinnung zwei Innovationen in dieser Region eingeführt (s. Abb. 5.2/3). Die periodische Düngung erlaubt eine Ertragssteigerung der Trockenmasse pro Hektar bis zum 2,5fachen. Da aufgrund der markanten, mehr als dreimonatigen Trockenheit von Juni bis in den September eine Futterlücke entsteht, wird erfolgreich versucht, diese mit Heugewinnung und Silage zu überbrücken. Die Weiderotation ist erst im Anfangsstadium. Der Rinderbestand hat inzwischen 50 000 erreicht (Bild 8).

Aufgrund einer ausgezeichneten betrieblichen Organisation und wissenschaftlich fundierten Versuchsreihen, u. a. zu Zuchtversuchen, Silagegewinnung, Zufütterungs-Systemen, Düngungstests, Erosionsbekämpfung durch Vermeiden von Überweidung kommt der Fazenda eine Art Musterbetriebsfunktion im Amazonasgebiet zu, die sich auch auf den sozialen Bereich der Mitarbeiter erstreckt. Insgesamt wurden über 50 Mio DM investiert.

Ein Großschlachthof, den VW mit einer Reihe anderer Investoren betreibt, ist nach Lösung des Energieproblems (Dampfturbine auf Holzbasis) seit Mitte 1983 in kommerziellem Betrieb und verarbeitet heute etwa 150 000 Rinder pro Jahr. Der Standort, 50 km südöstlich der VW-Fazenda am Rio Campo Alegre, liegt inmitten eines Einzugsgebiets von etwa 300 km Umkreis, das weit nach Mato Grosso und Goiás hineinreicht und Betriebe mit insgesamt über 1,4 Mio Rindern umfaßt. Dem modern ausgerüsteten Schlachthof, der sogar eine Kläranlage zur Abwasserreinigung besitzt, sind u. a. Installationen zur Konservenherstellung, Verpackung sowie eine Gerberei angeschlossen. Die Jahresproduktion von Gefrierfleisch, Konserven, Fleischextrakt und anderen Erzeugnissen ist auf etwa 57 000 t ausgelegt. Bisher wurde fast ausschließlich für den nationalen Markt der Metropolen São Paulo und Rio produziert, ein Exportanteil von 50 % ist jedoch geplant.

Von den bis Oktober 1983 insgesamt 476 mit SUDAM-Unterstützung entstandenen Rinderfarmen wurden 161 bereits zwischen 1966 und 1969, 172 zwischen 1970 und 1975 eingerichtet. Nach 1975 sind in den folgenden acht Jahren aus finanziellen Gründen und wegen der regionalen Beschränkung der Rinderhaltung auf Cerradão-Gebiete nur noch 143 Projektanträge bewilligt worden.

Die 476 Rinderfarmen umfassen eine Gesamtbetriebsfläche von 8,8 Mio ha, von denen nur 50 % gesetzlich nutzbar sind. Eine Rinderzahl von 6,06 Mio ist geplant. 42 % der Betriebe (1975 noch 58,5 %) mit 57,5 % der Betriebsfläche liegen in Mato Grosso, ein Drittel in Pará (23,5 % der Fläche). Die durchschnittliche Betriebsfläche beträgt etwa 18 500 ha, die mittlere Herdengröße 12 700 Tiere (s. Tab. 5.2/1).

Tab. 5.2/1: Steuerbegünstigte Rinderzuchtbetriebe im brasilianischen Amazonasgebiet (genehmigte Projektanträge bis Oktober 1983) (Quelle: SUDAM 1983 und eigene Berechnungen)

„Amazônia Legal" Bundesstaaten u. Territorien (T)	Zahl der Betriebe	Zahl der Arbeitsplätze	Geplante Rinderzahl in 1000	in %	Gesamtfläche[2] in 1000 ha	in %	Durchschnittl. Betriebsfläche in ha[2]	Durchschnittl. Rinderzahl pro Betrieb[2]
Acre	10	372	139,6	2,3	289,9	3,3	28 993	13 966
Amapá (T)	22	521	94,9	1,6	153,4	1,7	6 974	4 312
Amazonas	20	671	142,8	2,4	290,1	3,3	14 502	7 141
Goiás[1]	40	1 319	359,0	5,9	701,2	8,0	17 531	8 976
Maranhão[1]	17	576	99,0	1,6	139,3	1,6	8 193	5 821
Mato Grosso[1]	199	13 725	3 733,8	61,6	5 063,8	57,5	25 447	18 763
Pará	159	7 434	1 412,9	23,3	2 069,4	23,5	13 015	8 886
Rondônia	5	134	40,0	0,6	52,7	0,6	10 534	7 992
Roraima (T)	4	139	40,8	0,7	41,1	0,5	10 280	10 206
Total	476	24 891	6 062,8	100,0	8 800,9	100,0	18 489	12 737

[1] Anteil des Staates an „Amazônia Legal"
[2] Gesetzlich vorgeschriebene Nutzung von maximal 50 % der Betriebsfläche

Die zeitliche Entwicklung der von SUDAM geförderten Farmen und deren regionale Konzentration auf das nördliche Mato Grosso und Südost-Pará ist aus Abb. 5.2/1 zu ersehen. Die Herkunft der Investoren zeigt, daß weit über 50 % der Unternehmen aus São Paulo stammen (Abb. 5.2/2).

Bei der Anlage der Rinderfarmen hat in einer Reihe von Fällen die Landspekulation eine große Rolle gespielt. Eine nicht geringe Anzahl von Unternehmen war nur an einer Wertsteigerung ihrer Ländereien durch Infrastrukturentwicklungen in der Umgebung interessiert. Für Amazonien vorgesehene Investitionen flossen z. T. wieder zum Stammsitz der Betriebe zurück. Eine ganze Reihe von Farmen wurden inzwischen wieder aufgegeben (s. Abb. 5.2/1). Andererseits gibt es hervorragend geführte Fazendas, die ihre Verpflichtungen erfüllt haben und — außer dem Vorteil der Steuervergünstigungen — mit hohem finanziellen und technischen Aufwand langfristige wirtschaftliche Erfolge erzielen möchten.

Die großflächigen Brandrodungen der Viehfazendas werfen allgemein die Frage nach den ökologischen Folgewirkungen auf. Dabei muß berücksichtigt werden, daß von SUDAM nur die mit Steuervergünstigungen arbeitenden Weidewirtschaftsbetriebe in Amazonien erfaßt werden (s. Tab. 5.2/1), die Gesamtzahl der Rinderzuchtbetriebe aber bei weitem höher liegt und damit auch der Gesamtumfang des Landerwerbs durch Viehzüchter (ca. 350 000 qkm) bzw. die seit 20 Jahren durch Anlage von Weiden entstandenen Rodungsflächen in den Regenwäldern nur geschätzt werden können (ca. 140 000 qkm). Damit ist auch die Beschränkung der Neuanlage von Rodungsweiden auf den Bereich der Übergangswälder in der Raumordnung kaum durchführbar.

Die irreversible Störung des sehr labilen ökologischen Gleichgewichts im tropischen Regenwald durch flächenhafte Waldvernichtung ohne Rücksicht auf die jeweiligen Standortbedingungen kann vor der Inwertsetzung der neuen Nutzflächen durch Grassaat bereits erhebliche Probleme wie Erosionsschäden, Zerstörung der Mikroorganismen durch das Brennen, Nährstoffauswaschung, Bodenverkrustung und Störungen im Wasserhaushalt mit sich bringen. Lokal- und regionalklimatische Veränderungen mit zunehmender Instabilität des jährlichen Niederschlagsganges müssen erwartet werden. Die Degradationsanfälligkeit des „Ökosystems tropischer Regenwald" tritt bei Zerstörung des geschlossenen Stoffkreislaufs schnell zutage. Die ferrallitischen Böden haben nur einen sehr geringen Phosphor- und Stickstoffgehalt. Auf die geringe Kationenaustauschkapazität und den niedrigen Restmineralgehalt wurde bereits in Kap. 2 hingewiesen. Im Bereich der podsolierten Latosole des südöstlichen Pará erscheint es zweifelhaft, ob die Weidewirtschaft ohne kontinuierlichen Einsatz von modernem agronomischen know-how dauerhaft ökonomisch rentabel sein kann. Aufgrund der riesigen Betriebsflächen ist eine — ökologisch auch nur bedingt anwendbare — Kunstdüngung sicherlich die Ausnahme. Als Folge der Raubbau-Mentalität (Überweidung etc.) vieler Rinderzüchter und des ungebremsten Entscheidungsspielraums gewinnbeteiligter Subunternehmer muß in Teilregionen eine drohende Versteppung befürchtet werden.

Die schnelle Expansion der Rinderweidewirtschaft hat in den Regenwäldern Amazoniens nicht nur zur Kollision mit dort lebenden indianischen Stammesgruppen geführt, sondern auch gewaltsame Auseinandersetzungen mit ihrer Existenzgrundlage beraubten Siedlern hervorgerufen. Auf die Problematik dieser Interessenkonflikte wird in Kap. 7 näher eingegangen.

5.3 Sektorale und räumliche Verteilung und Bedeutung privater Investitionen

Es ist außerordentlich schwierig, einen Gesamtüberblick über die bisher entstandenen privaten Projekte in Amazonien zu gewinnen. Dies vor allem deshalb, weil außer SUDAM auch die für den Mittelwesten — d. h. für den südwestlichen Bereich Amazoniens — zuständige Behörde SUDECO Projekte fördert und zusätzlich Institutionen wie SUFRAMA (für die Freihandelszone Manaus), v. a. aber der Interministerielle Rat des Programa Grande Carajás (s. Kap. 8.2) für die Ostregion des Amazonasgebietes Zuständigkeiten für bestimmte Regionen besitzen und sich damit Kompetenzprobleme und Überschneidungen ergeben.

Von den 818 Projekten, die bis Oktober 1983 von der für die Regionalentwicklung zuständigen Behörde SUDAM genehmigt und die z. T. mehrfach erweitert und umstrukturiert wurden, konzentrieren sich 62% auf die Viehwirtschaft und die Agroindustrie, 31% betreffen industrielle und bergbauliche Aktivitäten. Die für Industrie- und Bergbauprojekte bereitgestellten Investitionen umfassen knapp 49% der gesamten Investitionssumme, auf Rinderfarmen (31%) und Agroindustrie (12%) entfallen immerhin 43%, auf den tertiären und den Energie-Sektor sowie Sonderprojekte 8% der sich auf 508 Mrd. Cruz. belaufenden Summe.

Die genehmigten Projekte sind auf die Schaffung von über 130 000 Arbeitsplätzen ausgelegt. Davon stellen Industrie (incl. Agroindustrie) 64%, die Rinderfarmen 19% und der tertiäre Sektor knapp 17%. In Pará werden mit 45 000 mehr als ein Drittel dieser neugeschaffenen Arbeitsplätze eingerichtet, im Staat Amazonas 28%, in Mato Grosso 16%.

Die regionale Verteilung der Projekte und Investitionen, aber auch der Arbeitsplätze, ist in den einzelnen Wirtschaftssektoren sehr unterschiedlich. Bei der Rinderweidewirtschaft verteilen sich bei weitem die meisten Projekte mit über 70% der Investitionen auf Mato Grosso (38%) und Pará (35%) (Abb. 5.2/1). Dabei ist ein Großteil der in Mato Grosso bestehenden Projekte bereits vor 1975 eingerichtet worden. Pará ist im agroindustriellen Bereich führend.

Bei der industriellen Förderung wurde versucht, eine Diversifizierung der Branchenstruktur zu erreichen und spezifische Standortvorteile zu nutzen. Während in Pará trotz der Dominanz der Metropole Belém auch eine räumliche Streuung der Neugründungen in Gang gekommen ist, konzentrieren sich im Staat Amazonas die Investitionen auch weiterhin fast ausschließlich auf Manaus und dessen Sonderfunktion aufgrund der Freihandelszone. In der Zahl der industriellen Arbeitsplätze hat Amazonas den 1975 noch führenden Bundesstaat Pará inzwischen übertroffen. Eine Auswertung der industriellen Neugründungen von 1980 bis 1982 im Amazonasgebiet zeigt, daß die Bedeutung des Staates Amazonas stetig zugenommen hat, während in Pará durch das Programa Grande Carajás SUDAM zunehmend an Einfluß verliert. Im Jahre 1982 führte bei den von SUDAM geförderten Projekten die Metallindustrie mit 27% der industriellen Investitionen vor der Industrie der Steine und Erden (Keramische Industrie) mit 21%, der Agroindustrie (14%), der weiteren Nahrungs- und Genußmittelindustrie (12%) sowie der Kunststoff- und Holzindustrie mit je 5%. Aufgrund der sehr artenreichen, aber an Nutzhölzern der gleichen Spezies pro Flächeneinheit armen tropischen Regenwälder sieht sich die Holzindustrie bei der Ausbeutung des Nutzholzpotentials großen Schwierigkeiten gegenüber. Auch aus ökologischen Gründen kann die Vernichtung eines großen Waldareals zur Gewinnung einiger ökonomisch wertvoller Edelhölzer nicht akzeptiert werden.

Die Industrieansiedlungspolitik hat sich seit der ersten Hälfte der 70er Jahre gewandelt. Bei den großen industriellen und bergbaulichen Projekten werden zunehmend Umweltschutzmaßnahmen gefordert und in einigen Bereichen auch sehr intensiv durchgeführt, wie z. B. von der Cia. Vale do Rio Doce im Carajás-Gebiet (s. Kap. 8.2).

Die Zusammensetzung der Investitionsmittel in den einzelnen Wirtschaftsbereichen zeigt, daß ganz erhebliche staatliche Förderungsmaßnahmen die private Investitionsbereitschaft stark beeinflußt haben. Viele Projekte haben nur einen geringen Anteil an Eigenmitteln aufgebracht, dafür aber umfangreiche Steuererleichterungen genutzt. Dies gilt vor allem für die Rinderfarmen, deren Investitionsmittel sich noch 1975 zu 72% aus Steuerermäßigungen zusammensetzten. Allerdings ist auf diesem Sektor der Anteil an Steuermitteln stark zurückgegangen, beläuft sich bis heute insgesamt aber doch auf 58%.

Nimmt man die gesamten staatlichen infrastrukturellen Vorleistungen für die Erschließung Amazoniens zusammen und berücksichtigt zusätzlich noch die Höhe der vielfältigen staatlichen Subventionen, so ist angesichts der Investitionen, die sich auf einen Geldwert von mehreren Milliarden US-Dollar belaufen, die Zahl der geschaffenen Arbeitsplätze gering. Dies insbesondere auch vor dem Hintergrund einer ständig zunehmenden Zahl von Zuwanderern nach Amazonien.

Im ländlichen Bereich benötigt die durchschnittliche Rinderfarm mit etwa 12 700 Rindern nur 52 Beschäftigte, d. h. pro 178 ha Weidefläche nur eine Arbeitskraft. Wenn sich auch diese Relation in den

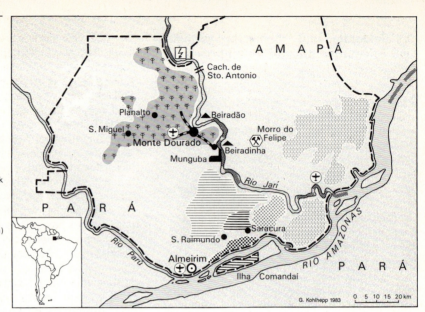

Abb. 5.4/1: Jarí-Projekt (Eigener Entwurf)

- Bundesstaatsgrenze Pará / Amapá
- Grenze des Jarí-Projektgebiets
- Bahnlinie
- Muniziphauptort
- Projektsiedlungen
- Favelas
- Zellulose - Fabrik
- Kaolin - Grube
- Geplantes Wasserkraftwerk
- Flugplatz
- Forstwirtschaftsprojekt (Aufforstung mit Gmelina arborea und Pinus caribaea)
- Naßreisanbau
- Naßreisanbau geplant
- Zuckerrohranbau geplant
- Rinderzucht
- Rinderzucht geplant

letzten Jahren statistisch etwas verbessert hat (1977 = 235 : 1), so bewirkt die arbeitsextensive Rinderweidewirtschaft zusammen mit der erschöpften Aufnahmekapazität der Agrarkolonisationsprojekte und der schnell zunehmenden Zahl der Landkonflikte doch eine Problemverlagerung auf den begrenzten Arbeitsmarkt der städtischen Siedlungen, wo sich die Situation der Arbeitslosigkeit bzw. der verdeckten Arbeitslosigkeit dramatisch zuspitzt.

Zahlreiche Industrieprojekte arbeiten bereits mit moderner Technologie und einem hohen Grad an Automation, so daß auch durch den sekundären Sektor trotz großer Anstrengungen keine spürbare Erleichterung für den Arbeitsmarkt eingetreten ist, vor allem nicht für die Masse der ungelernten Arbeitskräfte ohne industrielle Erfahrung.

Aufgrund aller dieser Tatsachen muß die soziale Relevanz vieler sog. Entwicklungsprojekte durchaus in Frage gestellt werden.

5.4 Das Jarí-Projekt

Innenpolitische Brisanz einerseits, innovatorische Funktionen andererseits kennzeichnen das Jarí-Projekt. Wenn auch private Investitionstätigkeit in Amazonien von staatlicher Seite stark gefördert wird und der Handlungsspielraum der Privatwirtschaft trotz vom Staat festgelegter Rahmenbedingungen immer noch groß ist, so kommt es heute doch nicht mehr zu einer isolierten und fast unkontrollierten Entwicklung von Enklaven, wie sie in klassischer Weise im Jarí-Projekt des amerikanischen Unternehmers *Ludwig* existierte.

Ludwig, Eigner der größten Handelsflotte der Welt und eines weitverzweigten Wirtschaftsimperiums, kaufte mit Billigung der höchsten politischen Führung Brasiliens 1967 für etwa 3 Mio. US-$ am Unterlauf des linken Amazonas-Zuflusses Jarí im Grenzgebiet des Staates Pará und des Territoriums Amapá eine riesige Landfläche (s. Abb. 5.4/1). Aufgrund der dubiosen Landtitel der Vorbesitzer ist die Größe des Projektgebietes umstritten, die Angaben schwanken zwischen 36 000 qkm (= etwa Fläche der Schweiz) und 16 000 qkm. Der Landkauf wurde vor der Verabschiedung eines Gesetzes getätigt, das 1971 den Grunderwerb von Ausländern in der Form regelte, daß höchstens ein Viertel der Fläche eines Munizips in ausländischem Besitz sein darf, hiervon nur 40 % in den Händen einer Person.

Aus ökonomischer Sicht ist das kombinierte Industrie-, Bergbau-, Land- und Forstwirtschaftsprojekt sicher das am besten geplante, finanziell ausgestattete und technisch durchgeführte Vorhaben in Amazonien. Basis des Jarí-Projekts ist die Zellulosefabrikation und damit auch die Forstwirtschaft. Da sich die Hölzer der tropischen Regenwälder aufgrund ihres Artenreichtums und der heterogenen Holzqualität nicht zur Zelluloseherstellung eignen, mußten ausgedehnte Rodungen und Wiederaufforstungen mit regionsfremden Arten durchgeführt werden. Die Aufforstungen begannen 1969 mit den schnellwachsenden Gmelina arborea, aus Burma und Indien stammend, und Pinus caribaea aus dem Antillenraum. Dazu kam in den folgenden Jahren Eukalyptus. Gmelina erreicht nach 6—7 Jahren bei einer Höhe von über 20 m Schlagreife für die Zelluloseproduktion. 1982 waren bereits 1 100 qkm aufgeforstet, davon 70 % mit Gmelina-Beständen, deren Flächenanteil heute nur noch ein

Drittel beträgt. Bereits Mitte der 70er Jahre waren die Pflanzungen so weit, daß der industrielle Betrieb eingerichtet werden konnte. Die Zellulosefabrik und das Kraftwerk wurden in Japan als schwimmender Komplex mit einem Kostenaufwand von 320 Mio. US-$ gebaut, über 25 000 km an den Jarí geschleppt und dort bei Munguba (s. Abb. 5.4/1) verankert. Ab Anfang 1979 wurde die Zelluloseproduktion aufgenommen, die v. a. für den Export nach Europa bestimmt ist. Das Werk, dessen Abwässer biologisch geklärt werden, ist für eine Tagesleistung von 750 t ausgelegt.

Im bergbaulichen Bereich konzentrierten sich die Tätigkeiten des Jarí-Projekts auf den Abbau der bedeutenden Kaolinvorkommen, während die Bauxitgruben Ludwigs am Rio Trombetas liegen. Kaolin wird bei der Papiererzeugung als Streichkaolin zur „Weißung" der Zellulose verwendet. In Jarí findet vor dem Export auch die Kaolinaufbereitung statt. Der Projektteil Naßreisanbau konzentriert sich auf etwa 3 500 ha im Várzea-Bereich unter Nutzung modernster Anbautechniken und Hochertragssorten. Die bei zwei Ernten pro Jahr erzielten Durchschnittserträge von 9—10 t pro ha gehören weltweit zu den höchsten. Schließlich wird auch Weidewirtschaft auf ca. 30 000 ha mit Wasserbüffeln im Projekt betrieben. Daneben war auch großflächiger Zuckerrohranbau (s. Abb. 5.4/1) im Rahmen des Pro-Alkohol-Programms geplant.

Ende der 70er Jahre dürften mehr als 15 000 Beschäftigte in Jarí tätig gewesen sein. Im Rahmen dieser riesigen Projektkomplexe sind neue Siedlungen entstanden, so z. B. der Hauptort und Verwaltungssitz Monte Dourado mit über 12 000 Einwohnern. Die ursprüngliche Planung der Einrichtung von zehn sog. Silvivilas, dezentrale Siedlungen im forstwirtschaftlichen Projektgebiet, ist nicht über zwei Siedlungen dieses Typs hinausgegangen. Am linken Jarí-Ufer in Amapá konzentrieren sich die Arbeiter und deren Angehörige, die nicht in den neuen Orten untergekommen sind, in sehr einfachen, z. T. favela-artigen Siedlungen. Die infrastrukturelle Ausstattung der Hauptsiedlung ist hervorragend. Die Verkehrsinfrastruktur umfaßt etwa 5 000 km neugebaute Straßen, eine 60 km lange Eisenbahn zum Holztransport, einen Flußhafen für Schiffe bis 55 000 tdw und einige Flugplätze.

Ludwig hat in das Gesamtprojekt bis zum Verkauf 1982 über 1,1 Mrd. US-$ nach heutigem Realwert investiert.

Die anstehende administrative Eingliederung des Projektgebiets in den Staat Pará beantwortete *Ludwig* mit der Forderung nach einem Beitrag der brasilianischen Regierung an den Infrastrukturkosten. Anfang der 80er Jahre kulminierten die innenpolitischen Auseinandersetzungen um das Jarí-Projekt.

Zu den traditionellen Vorwürfen wie Einfluß multinationaler Konzerne, Bildung eines „Staates im Staate" und „Ausverkauf" in Amazonien kamen verstärkt ökologische Bedenken zu den Monokulturen der Aufforstungen, Beschwerden über Nichtberücksichtigung brasilianischer Zulieferindustrien, reine Exportorientierung, Steuervergünstigungen etc. *Ludwig*, der das Jarí-Projekt sehr stark persönlich prägte, provozierte häufig emotionale Reaktionen in Brasilien durch rigide Entscheidungen und den totalen Informationsstop über das Projekt.

Für den Verkauf sind sowohl die innenpolitisch begründete Eskalation der Auseinandersetzungen in einer regelrechten nationalen Pressekampagne, als auch wirtschaftliche Gründe zu nennen. Letztlich gab wohl die Weigerung der Regierung den Ausschlag, den Bau eines Wasserkraftwerks von 180 MW Anfangskapazität oberhalb von Monte Dourado zu genehmigen sowie die negativen Berichte einer speziell für Jarí geschaffenen Untersuchungskommission. Im Jahre 1982 verkaufte *Ludwig* Jarí an ein Konsortium brasilianischer Unternehmen, darunter auch Banken und Versicherungsgruppen.

Die aktuelle Situation des wirtschaftlichen Rückgrats des Projekts — Aufforstungen und Zelluloseproduktion — leidet unter der schnellen Ausbreitung einer Pilzkrankheit in den Gmelina-Pflanzungen, die seit 1980 stark zugenommen hat. Dies hat zu umfangreichen Umstrukturierungen der ökologisch höchst problematischen Aufforstungen geführt, mit einer sehr starken Ausdehnung der Eukalyptus-Pflanzungen. Aus Gründen der Produktqualität wäre der Fortbestand der Gmelina-Pflanzungen allerdings von größter Bedeutung, zumal in anderen Regionen Brasiliens große Eukalyptus-Aufforstungen existieren und kostengünstiger genutzt werden können. So hat man sich aus Angst vor dem Rückgang der Holzversorgung für die Zelluloseproduktion zur aufwendigen Düngung der Pflanzungen entschlossen. Eine große Gefahr für die relativ leicht brennbaren Aufforstungen stellen die Brandrodungen der vielen Hundert Squatter im Projektgebiet dar.

Das komplexe Beispiel Jarí zeigt, daß Projekte dieser Größenordnung nicht die Funktion von Modellen für die ökologisch und sozioökonomisch adäquate Nutzung des Ökosystems tropischer Regenwald übernehmen können. Es zeigt auch, daß aus entwicklungspolitischer Sicht Alleingänge privater ausländischer Investoren auch bei ökonomisch optimalen Projektvoraussetzungen mit innenpolitischen Sonderproblemen verbunden sind, die aus der Problematik der nationalen Souveränität resultieren. Zudem ist eine Übertragbarkeit aus finanziellen Gründen nicht gegeben.

6 Bevölkerungs-, Siedlungs- und Agrarentwicklung

Die Bevölkerungsentwicklung des Amazonasgebietes spiegelt deutlich die Wirtschaftszyklen der letzten 120 Jahre wider. Während die indianische Bevölkerung kontinuierlich zurückgedrängt wurde und zahlenmäßig stark abnahm (s. Kap. 7.2) — heute leben noch etwa 150 000 Indianer im brasilianischen Amazonasgebiet — ist die Zuwanderung konjunkturabhängig.

Tab. 6/1 zeigt, daß die Nordregion, d. h. Amazonien ohne Mato Grosso, Nord-Goiás und Maranhão, in der Phase des Kautschuk-Booms hohe Zuwachsraten verzeichnete. Zwischen 1920 und 1940 stagnierte die Bevölkerungszahl, d. h. es machte sich eine starke Abwanderung bemerkbar.

Ab 1960 wirkten sich die staatlichen Maßnahmen zur Regionalentwicklung Amazoniens in einer schnellen Bevölkerungszunahme aus. In der Kernregion — und dort natürlich nur punkthaft und streifenförmig — steigt die Zahl von 2,6 Mio im Jahre 1960 auf über 6 Mio bei der letzten Volkszählung 1980, d. h. auf 5% der Bevölkerung Brasiliens (Schätzung 1985: 7,7 Mio).

In der seit 1966 bestehenden Planungsregion Amazônia Legal hat die Gesamtbevölkerungszahl 1980 bereits 11 Millionen überschritten (Tab. 6/2). Deutlich zeichnen sich ab 1970 die höheren Zuwachsraten ab. Aufgrund der Neusiedlungsgebiete in Mato Grosso und Rondônia treten diese Staaten in der Bevölkerungszunahme besonders stark hervor. Während ein isolierter Staat wie Acre bei geringer Zuwanderung seine Einwohnerzahl nur relativ langsam steigert, ist in Rondônia, das in den 70er Jahren von der Pionierfront erreicht wurde, geradezu ein explosionsartiger Bevölkerungszuwachs zu verzeichnen (s. dazu auch Kap. 8.1), der zur Verdopplung der Einwohnerzahl binnen fünf Jahren (1980—1985) geführt hat (Tab. 6/3).

Dies alles bedeutet, daß Amazonien trotz schwieriger Lebensbedingungen sein Negativ-Image als „Grüne Hölle" verloren hat. Natürlich darf nicht vergessen werden, daß sich ein Großteil der Zuwanderer nur aufgrund sozio-ökonomischer Zwänge zur Migration in die innertropischen Regenwaldgebiete entschließt.

Wenn bei den o. g. Bevölkerungszahlen das Amazonasgebiet auch nicht mehr als unbesiedelt bezeichnet werden kann, so sind die statistischen Bevölkerungsdichtewerte in der riesigen, 5 Mio qkm umfassenden Planungsregion aber doch noch sehr gering. Diese Werte von 1,0 Einwohner pro qkm im Jahre 1960 bzw. 2,3 Ew./qkm 1980 sagen natürlich nichts über die reale Bevölkerungsverteilung aus, die nach wie vor durch Konzentration an wenigen Punkten oder Flußuferzonen und Dispersion im Landesinnern gekennzeichnet ist. Weiten Regionen Zentral-, West- und Nordamazoniens, die nach wie vor von nicht-indianischer Bevölkerung kaum besiedelt sind, stehen städtische Ballungsräume gegenüber, die — wie das Munizip Belém im Staat Pará — Dichtewerte von 1270 Ew./qkm erreichen.

Aber auch im ländlichen Raum gibt es gravierende Unterschiede: den stadtnahen Várzea-Gebieten und bereits relativ dicht besiedelten kleinbäuerlichen Kolonisationsgebieten der Bragantina-Zone bei Belém oder Teilräumen in Südost-Pará, Nord-Mato Grosso, sowie Rondônia, stehen Regionen gegenüber, die zwar bereits flächenhaft einer wirt-

Tab. 6/1: Bevölkerungsentwicklung der Nordregion (Quelle: IBGE 1981 und eigene Berechnungen)

	Bevölkerungszahl (in 1000)	Anteil an Bevölkerung Brasiliens (in %)	Bevölkerungszunahme (in %) Norden	Brasilien
1872	332,8	3,35		
1890	476,4	3,32	43,1	44,3
1900	695,1	3,99	45,9	21,6
1920	1 439,1	4,70	107,0	75,7
1940	1 462,4	3,55	1,6	34,6
1950	1 844,7	3,55	26,1	26,0
1960	2 601,5	3,67	41,0	36,7
1970	3 650,7	3,86	40,3	33,1
1980	6 028,6	4,98	65,1	28,2

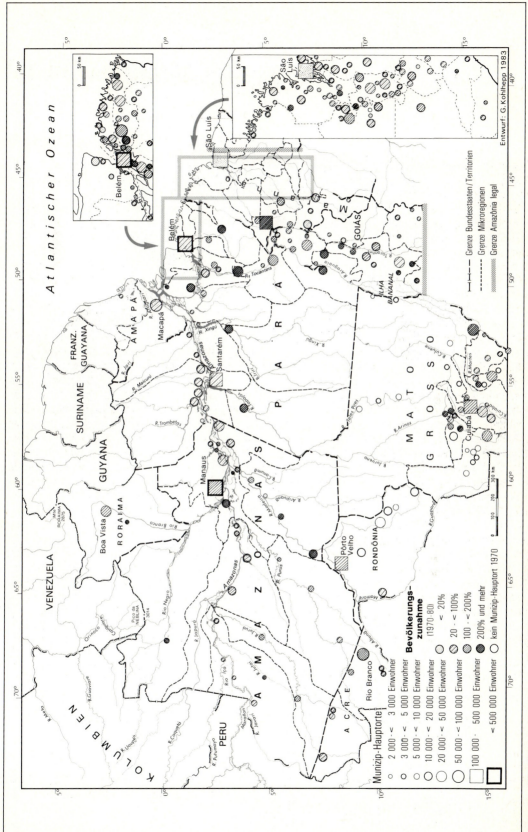

Abb. 6/1: Bevölkerungszunahme der städtischen Siedlungen (Munizip-Hauptorte) 1970–1980 (aus: *Kohlhepp 1984, S. 137*)

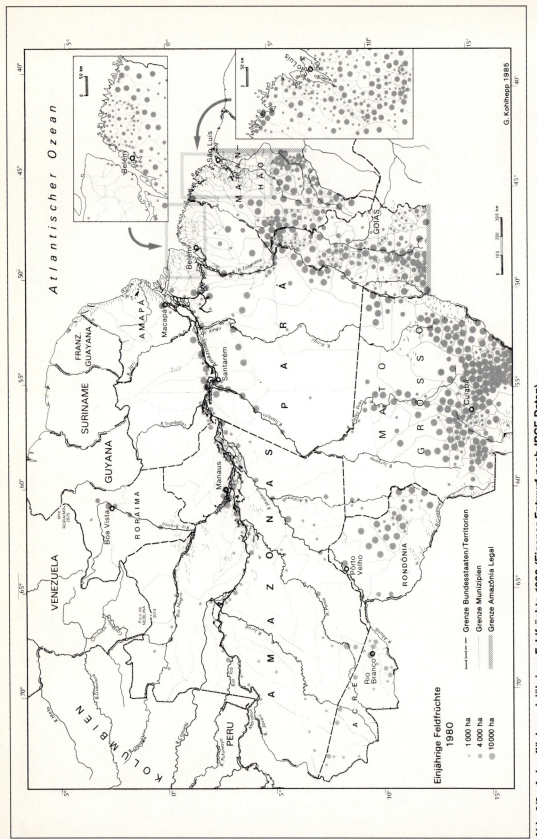

Abb. 6/2: Anbauflächen einjähriger Feldfrüchte 1980 (Eigener Entwurf nach IBGE-Daten)

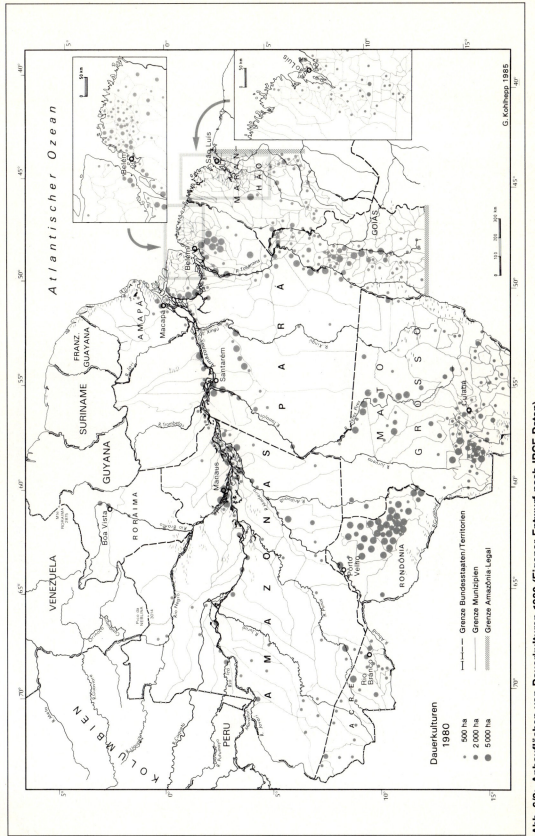

Abb. 6/3: **Anbauflächen von Dauerkulturen 1980** (Eigener Entwurf nach IBGE-Daten)

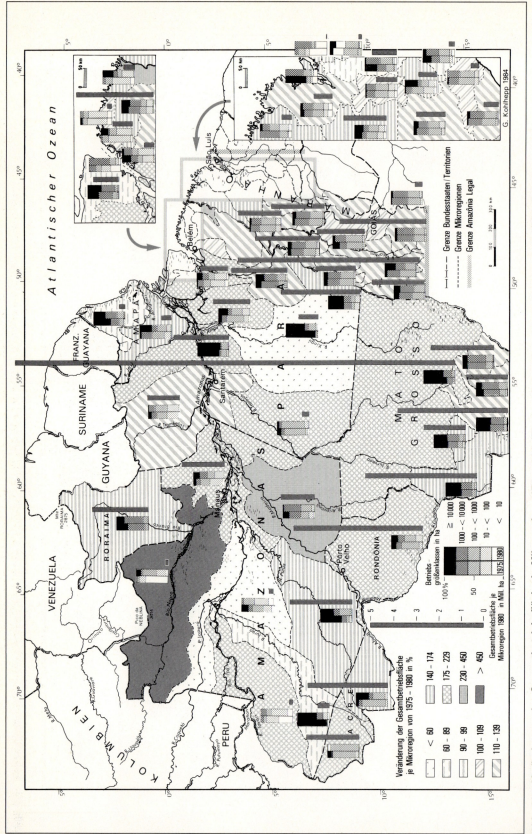

Abb. 6/4: Veränderung der Gesamtbetriebsfläche je Mikroregion 1975—1980 (Eigener Entwurf und Berechnung nach IBGE-Daten)

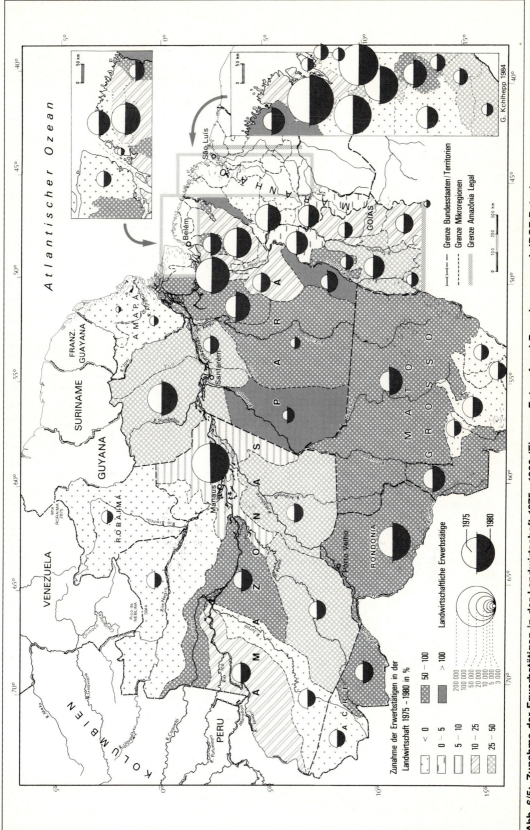

Abb. 6/5: **Zunahme der Erwerbstätigen in der Landwirtschaft 1975—1980** (Eigener Entwurf und Berechnung nach IBGE-Daten)

Tab. 6/2: Bevölkerungsentwicklung der Planungsregion Amazônia Legal 1960—80 (Quelle: IBGE 1971 und 1981 sowie eigene Berechnungen)

	Bevölkerung (in 1000)			Anteil an Amazônia Legal (in %)			Bevölkerungszunahme (in %)		Anteil an der Bevölkerungszunahme in Amazônia Legal in %	
	1960	1970	1980	1960	1970	1980	1960-70	1970-80	1960-70	1970-80
Acre	160,2	218,0	306,9	3,1	3,0	2,7	36,1	40,8	2,9	2,2
Amapá (T)	68,9	116,5	180,1	1,3	1,6	1,6	69,1	54,6	2,4	1,6
Amazonas	721,2	960,9	1 449,2	14,0	13,4	12,9	33,2	50,8	12,1	12,1
Pará	1 550,9	2 197,1	3 507,3	30,0	30,7	31,3	41,7	59,6	32,5	32,4
Rondônia*	70,8	116,6	503,1	1,4	1,6	4,5	64,7	331,5	2,3	9,6
Roraima (T)	29,5	41,6	82,0	0,6	0,6	0,7	41,2	97,0	0,6	1,0
Norden	2 601,5	3 650,7	6 028,6	50,4	50,9	53,7	40,3	65,1	52,8	58,9
Mato Grosso	330,6	612,9	1 169,8	6,4	8,6	10,5	85,4	90,9	14,2	13,8
N-Goiás	348,3	549,1	782,3	6,8	7,7	7,0	57,6	42,5	10,1	5,8
W-Maranhão	1 880,0	2 336,9	3 211,4	36,4	32,8	28,8	24,3	37,4	23,0	21,6
Randgebiete	2 558,9	3 498,9	5 163,5	49,6	49,1	46,3	36,7	47,6	47,3	41,2
Amazônia Legal	5 160,4	7 149,6	11 192,1	100,0	100,0	100,0	38,5	56,5	100,0	100,0

* bis 1982 Territorium

schaftlichen Nutzung unterzogen werden, in denen aber arbeitsextensive Rinderhaltung sogar eine Verdrängung ansässiger Bevölkerung bewirkt. Dazu kommt die Anziehungskraft bzw. Sogwirkung der Städte auf das Umland. Die städtische Bevölkerung zeigt in allen Teilregionen sehr hohe Zuwachsraten, hat sich in Amazônia Legal innerhalb von 10 Jahren nahezu verdoppelt und ihr Anteil an der Gesamtbevölkerung beträgt im Norden bereits 51,5 %. Bei der ländlichen Bevölkerung ist zwar in allen Teilregionen Amazoniens zwischen 1970 und 1980 noch eine Zunahme festzustellen, die Zuwachsraten liegen jedoch in Acre, Amazonien, Roraima und Nord-Goiás beträchtlich unter dem natürlichen Wachstum (1970—80: 27,8 %). In der Planungsregion Amazônia Legal hat die ländliche Bevölkerung von 1970 bis 1980 um ein Drittel zugenommen. Diese Zunahme konzentriert sich absolut auf Pará, W-Maranhão und Rondônia. Im gleichen Zeitraum zeigt sich in Gesamtbrasilien bereits eine Abnahme um 5,9 %.

Eindrucksvoll ist das Bevölkerungswachstum in den Hauptstadt-Munizipien (Stadtkreis) der Bundesstaaten und Territorien. So hat sich die Einwohnerzahl von Manaus von 175 000 im Jahre 1960 bis 1980 auf 640 000 erhöht, in São Luís, Cuiabá, Macapá und Porto Velho in diesem Zeitraum in etwa verdreifacht. Die Bevölkerungszahl des Munizips Belém hat bis heute bereits deutlich die Millionengrenze überschritten. Während aber der Anteil der Bevölkerung der Metropole Belém an der Gesamtbevölkerung von Pará in den letzten Jahrzehnten in etwa gleich geblieben ist (1980: 21,6 %), ist er in Manaus von 24 % (1960) auf über 42 % der Bevölkerungszahl des Staates Amazonas angestiegen.

Der städtische Bevölkerungszuwachs von 1970—80 stellt in vielen Mikroregionen den Hauptteil der heutigen Stadtbewohner. Im ländlichen Raum macht sich jedoch vereinzelt bereits die gesamtbrasilianische Tendenz einer absoluten Bevölkerungsabnahme bemerkbar. Die Landflucht wird im Umland von Manaus und von Cuiabá besonders deutlich und ist hauptsächlich als Sogwirkung der Zentren zu sehen. Außerordentlich stark ist die Bevölkerungszunahme auch in den

Tab. 6/3: Bevölkerungsentwicklung in Acre und Rondônia 1950—1985 (Index: 1950 = 100) (Quelle: IGBE 1984 und eigene Berechnungen)

	Acre	Index	Rondônia	Index
1950	114 755	100,0	36 935	100,0
1960	158 184	137,8	69 792	189,0
1970	215 299	187,6	111 064	300,7
1980	301 605	262,8	491 069	1 329,5
1985*	356 313	310,5	1 028 429	2 784,4

* Schätzung

meisten Munizip-Hauptorten, wo zwischen 1970 und 1980 häufig Zuwachswerte über 100 % und mehr erreicht wurden (s. Abb 6.1). Bis 1980 sind zu den traditionellen regionalen Metropolen Belém und Manaus weitere Großstädte gekommen. Dies sind nicht nur die Hauptstädte von Bundesstaaten und Territorien, wie São Luís (Maranhão), Cuiabá (Mato Grosso) und Porto Velho (Rondônia), sondern auch Santarém an der Tapajós-Mündung und Imperatriz an der Belém-Brasília Straße. Inzwischen haben auch Macapá (Amapá) und Rio Branco (Acre) sowie wohl auch Ji-Paraná, eine der sehr schnell wachsenden Pionierstädte in Rondônia, die 100 000 Einwohner-Grenze passiert. Belém, das große Zentrum im Amazonas-Mündungsgebiet, ist zur jüngsten Millionenstadt Brasiliens geworden. São Luís, dessen Bevölkerungszahl zwischen 1970 (168 000) und 1980 (182 000) nur wenig zunahm, hat in der ersten Hälfte der 80er Jahre aufgrund der Industrieprojekte und großen Bauvorhaben (Hafen, Erzbahn) eine sehr starke Zuwanderung erlebt.

Die Bevölkerungsentwicklung seit Anfang der 70er Jahre führte im Amazonasgebiet zum einen zur Auffüllung eines mehrere Hundert Kilometer breiten Randsaums, der sich vom östlichen Pará über West-Maranhão, den nördlichsten Zipfel von Goiás, die Zentralregion von Mato Grosso bis in den Südwesten nach Rondônia entlangzieht. In diesem Bereich kam es zu einem mit umfangreicher Waldvernichtung verbundenen, häufig fast frontartigen Vorrücken der Siedlungs- und Wirtschaftsgrenze. Dabei entstanden gleichzeitig „städtische" Siedlungskerne, deren Bevölkerung z. T. außerordentlich schnell zunahm (s. Abb. 6/1). Zum andern ist eine Verstärkung der Bevölkerungskonzentration an der Achse des Hauptstroms aufgetreten. Weite Regionen nördlich des Solimões/Amazonas und in den westlichen und zentralen amazonischen Regenwaldgebieten sind jedoch bis heute nahezu siedlungsleer geblieben.

Bei den Vorstößen der Kolonisations-„Keile" zeigt sich entlang der Entwicklungsachsen eine enorme Bevölkerungszunahme in den Etappenorten, die durch die Konzentration zahlreicher neuer Funktionen und die Sogwirkung bedingt ist. Dies gilt v. a. für den Nordabschnitt der Belém-Brasília-Straße sowie für die Straße Cuiabá-Porto Velho im Streckenabschnitt in Rondônia.

Das Vorrücken der „fronteira" und der heutige Stand der landwirtschaftlichen Nutzung in den Pionierzonen wird aus der räumlichen Verteilung der Anbauflächen von einjährigen Feldfrüchten (s. Abb. 6/2) und Dauerkulturen (s. Abb. 6/3) deutlich. Grundnahrungsmittel in den Hauptkolonisationsgebieten und den Randzonen des Regenwalds, aber auch Soja auf den Feuchtsavannen im südlichen Mato Grosso und in Goiás bestimmen das Verbreitungsraster bei den einjährigen Kulturen. Bei den Dauerkulturen fällt die für Amazonien hohe Konzentration der Anbauflächen in Rondônia auf, wo der Kakaoanbau und jüngst Kaffeepflanzungen für die wirtschaftliche Stabilisierung der Siedlungsprojekte Bedeutung erlangt haben. Außerdem tritt südlich von Belém das ebenfalls stark von Japanern und deren Nachkommen besiedelte Gebiet um Tomé-Açú mit dem Anbau von schwarzem Pfeffer in Erscheinung.

An der Veränderung der Gesamtbetriebsfläche zwischen 1975 und 1980 (s. Abb. 6/4) und an der Zunahme der Erwerbstätigen in der Landwirtschaft (s. Abb. 6/5) ist die Dynamik der Landnahme sowie der landwirtschaftlichen Entwicklung zu ersehen. Abb. 6/4 gibt dabei zusätzlich die regionale Differenzierung dieses Prozeßablaufs unter Berücksichtigung der Betriebsgrößenverhältnisse und deren jüngster Veränderung in den Mikroregionen wieder. Die landwirtschaftliche Betriebsgrößenstruktur zeigt zwar mit 81 % der Betriebe bei nur 17 % der Betriebsfläche (1960: 92,5 % bzw. 8 %) erst eine leichte Ausgleichstendenz, welche die Betriebe unter 100 ha betrifft. Bei den Betrieben zwischen 100 und 1000 ha — nach dem Verständnis des Flächenbedarfs der Landwechselwirtschaft und der 50 % Rodungsklausel Klein- und Mittelbetriebe — hat sich aber der Anteil deutlich positiv verändert. 1960 verfügten die 6 % der Betriebe dieser Größenklasse erst über 9,6 % der Betriebsfläche, 1980 war deren Zahl auf über 16 % angestiegen, die knapp 30 % der gesamten Betriebsfläche der Nordregion besaßen.

Bei einem Anteil von 42 % an der Territorialfläche Brasiliens weist die Amazonas-Kernregion heute 11,4 % der Betriebsfläche des Landes auf. Natürlich schlägt sich die noch junge Landwirtschaft dieser Region auf den Umfang der ackerbaulichen Nutzung nieder. Amazonien hat bisher nur 0,5 % der Dauerkulturfläche Brasiliens sowie 5 % der Anbaufläche bei einjährigen Feldfrüchten aufzuweisen.

Insgesamt wird aus den kartographischen Darstellungen des Kap. 6 deutlich, wie stark der Bevölkerungsdruck und damit auch der Druck der agraren Anbaugrenze von Osten, Südosten, Süden und Südwesten sowie von den großen Strömen in Richtung der bisher noch intakten tropischen Regenwälder vor allem des zentralen Amazonasgebiets wirkt. An dieser Pioniergrenze prallen die Interessen unterschiedlicher sozialer Gruppen erbarmungslos aufeinander.

7 Interessenkonflikte an der Pionierfront

7.1 Allgemeine Situation

Das spontane, aber auch das geplante Vorrücken der Pionierfront mit der Expansion des Siedlungs- und Wirtschaftsraums in die tropischen Regenwälder des nördlichen Zentral- und Nordbrasiliens hat den Lebensraum der indianischen Bevölkerung Amazoniens zunehmend eingeschränkt. Die flächenhafte Inwertsetzung weiter Gebiete hat zur Vertreibung, Umsiedlung, aber auch zur Vernichtung indianischer Stammesgruppen geführt.

Daneben haben sich im Rahmen der Neulanderschließung in den letzten Jahrzehnten die Interessenkonflikte konkurrierender sozialer Gruppen wesentlich verstärkt und räumlich ausgeweitet. Das Ziel, aus der schnellen Inbesitznahme des Landes und der Ausbeutung des natürlichen Potentials wirtschaftliche Vorteile zu ziehen, hat zu einer ständig eskalierenden Raumnutzungskonkurrenz geführt. Die schwindenden räumlichen Reserven in den natürlichen Gunsträumen lassen eine Koexistenz der konkurrierenden Gruppen und ihrer Wirtschaftsziele nur noch sehr bedingt möglich erscheinen. Vor diesem Dilemma stehen auch die staatlichen Organe, die für die Raumplanung und Raumordnung an der Pionierfront verantwortlich sind, die aber — aus verschiedensten Gründen — mit dem Umfang dieser Problematik nicht zurechtkommen.

Es vollzieht sich in Wirklichkeit ein Kampf aller gegen alle um Land. Dabei bilden sich natürlich auch auf den verschiedensten Ebenen Interessenkoalitionen.

Kautschukzapfer (Seringueiros), Paránußsammler, Jäger, Goldgräber und Diamantenwäscher (Garimpeiros), die angesiedelten Kleinbauern der staatlichen sowie einiger privater Agrarkolonisationsprojekte, die große Zahl der auf Landzuteilung wartenden Zuwanderer, unzählige Squatter (Posseiros) ohne Landtitel und eine Vielzahl anderer Landbesitzer, Grundeigentümer in den verschiedensten Größenordnungen bis zu den Rinderweidewirtschaftsbetrieben mit Großgrundbesitz, Holzhandel und Holzindustrie, Bergbaugesellschaften, Immobilienfirmen, eine Vielzahl von Landspekulanten sowie die verschiedensten staatlichen Organe auf bundesstaatlicher und Bundesebene mit divergierenden Planungskonzeptionen und Entwicklungsprojekten konkurrieren miteinander um die faktische oder spekulative Landnutzung. Alle diese Gruppen wiederum agieren gegen die Interessen der indianischen Bevölkerung.

Landzuteilung bzw. Legalisierung bestehender Landbesitzverhältnisse, die Rechtmäßigkeit der Landtitel sind umstritten. Die Koordination der staatlichen Maßnahmen läßt häufig zu wünschen übrig. Die Einrichtung von Indianerreservaten, Nationalparks, Biologischen Schutzgebieten und Waldreserven sowie die Festsetzung von Rodungsquoten werden in den Pionierzonen nicht respektiert. In diesem Klima zunehmend gewaltsamer Auseinandersetzungen werden humane und ökologische Argumente häufig kurzfristigen ökonomischen Zielsetzungen geopfert.

Die schnelle Straßenverkehrserschließung seit Anfang der 70er Jahre hat zur Verstärkung der Binnenwanderung nach Amazonien aus anderen Regionen Brasiliens beigetragen. Die enorme Zunahme der spontanen Zuwanderung hat in weiten Teilen des Amazonasgebiets zur Erschöpfung der Landreserven der Kolonisationsprojekte geführt. Dies bedeutet, daß in zunehmendem Maße eine unkontrollierbare Expansion auch in Gebiete natürlicher Ungunst erfolgt und der Bevölkerungsdruck auf die natürlichen Ressourcen sowie auf scheinbar „herrenlose" Waldgebiete gefährliche Formen angenommen hat.

7.2 Situation der indianischen Bevölkerung

Aufgrund des Einbruchs der modernen Zivilisation in ihren Lebensraum sind die amazonischen Indianer in ihrer Existenz bedroht.

Obwohl die Tiefland-Indianer der tropischen Regenwälder im Gegensatz zu den Indianervölkern Alt-Amerikas (Azteken, Maya, Inka) keine weithin bekannten Hochkulturen und Großreiche schufen, haben die Wildbeuter- und Pflanzerkulturen einen durchaus vielgestaltigen materiellen Kulturbesitz aufzuweisen. Gerade in Amazonien haben sich indianische Stammesgruppen trotz der immer weiter ins Landesinnere vordringenden neobrasilianischen Bevölkerung durch Zurückweichen in unzugängliche Regenwaldbereiche lange noch fast unberührt erhalten können. Seit den 60er Jahren ist dies jedoch nur noch ganz wenigen Gruppen gelungen.

Die bei Ankunft der Portugiesen in Brasilien existierenden vier großen Kulturgruppen Tupi, Kariben, Aruak und Gê bilden heute keine geschlossene Einheit mehr, sondern sind in kleinere Gruppen mit eigenen Sprachvarianten aufgespalten und räumlich verstreut. Zur Zeit der Entdeckung Brasiliens lebten — nach verschiedenen Schätzungen — bis zu 5 Millionen Indianer innerhalb der heutigen politischen Grenzen des Landes. Während im Jahre 1900 noch 230 Stämme existierten, verringerte sich deren Zahl bis 1957 auf 143, d. h. binnen etwas mehr als 50 Jahren waren 87 Stämme ausgestorben bzw. ausgerottet.

Anfang der 70er Jahre waren noch 114 Stammesgruppen bekannt, von denen 14 im Xingú-Nationalpark lebten bzw. dorthin umgesiedelt worden waren.

Die Zahl der heute noch existierenden indianischen Bevölkerung in Amzonien ist — entsprechend der zugrunde gelegten Kriterien des Integrationsbegriffs — nur schwer zu schätzen, dürfte sich jedoch auf etwa 150 000 belaufen. Die Größe der einzelnen Stammesgruppen ist sehr unterschiedlich. Ein Viertel der Gruppen haben weniger als 100 Mitglieder, zwei Drittel aller Stammesgruppen zählen jeweils weniger als 500 Menschen. Ganz wenige Stämme umfassen noch über 5000 Personen. Dazu gehören z. B. die Tukuna im westlichen Amazonien sowie die Makuxi und die erst jüngst kontaktierten Yanomami in Roraima im äußersten Norden des brasilianischen Territoriums (s. Abb. 7.2/1).

Während Jahrtausenden hatten sich die amazonischen Indianer in ihren Wirtschaftsformen und der Stammesgröße an ihre natürliche Umwelt angepaßt. Die Zahl der Stammesmitglieder überstieg aufgrund der praktizierten Geburtenregelung nie die durch Jagd, Sammelwirtschaft und Wanderfeldbau gegebenen Lebensmöglichkeiten. Dadurch bestand eine ideale Anpassung an das im Ökosystem des tropischen Regenwalds nur sehr bedingt verfügbare natürliche Nahrungspotential.

Während früher die Bedrohung der Indianer von den vom Amazonas die südlichen Nebenflüsse flußaufwärts vordringenden Kautschukzapfern aus-

Abb. 7.2/1: Bevölkerungszahl indianischer Stammesgruppen (Eigener Entwurf nach div. Quellen)

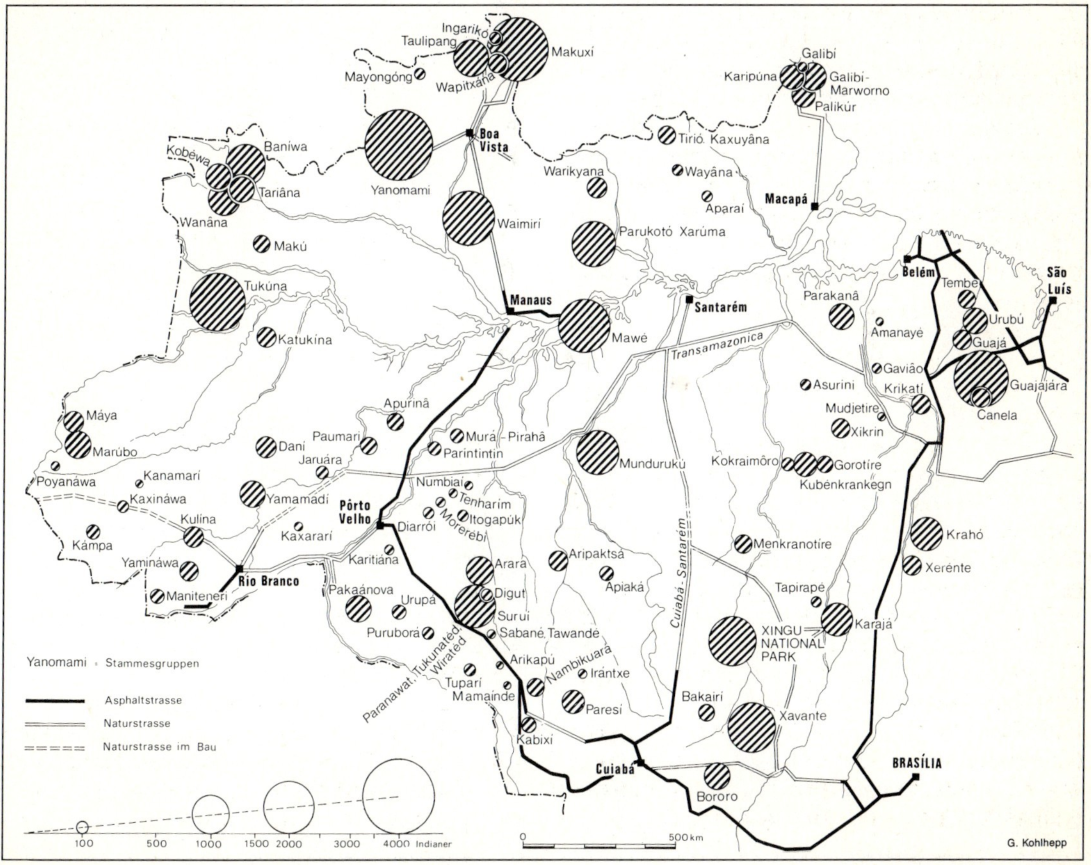

ging, wurden mit dem umfangreichen Straßenbauprogramm der 70er Jahre und den sich anschließenden Entwicklungsprojekten erstmals auch Gebiete abseits der großen Stromsysteme der modernen Entwicklung zugänglich gemacht. Flächenhafte Brandrodungen ließen nun auch in früheren Rückzugsgebieten keine Koexistenz mehr zu. Folge dieser Entwicklungsprozesse war eine unüberbrückbare Konfrontation. Zehntausende von Straßenbauarbeitern drangen mit einem enormen Maschinenpark in die entferntesten Winkel der Region vor. Riesige Waldbrände der Rodungsweiden anlegenden Rinderzüchter verwüsteten unwiderruflich Teile des indianischen Lebensraums. Da den Indianern die von ihnen besiedelten Ländereien in der Verfassung garantiert sind und die Vergabe von Eigentumstiteln bei der Landnahme in Amazonien nur bei nachweislich unbesiedeltem Land erfolgt, setzten Großgrundbesitzer ihre „pistoleiros" ein, um das in Besitz genommene Land durch Vertreibung der eingeborenen Bevölkerung „indianerfrei" zu machen. Regte sich Widerstand der betroffenen Indianer, brachten grausame „Strafexpeditionen" deren physische Vernichtung. Selbst friedliche Kontakte zwischen Weißen und Indianern hatten negative Folgewirkungen. Ansteckungskrankheiten wie Grippe oder Masern, gegen die die indianische Bevölkerung keine Abwehrkräfte besitzt, forderten zahlreiche Opfer. Hinzu kamen andere Zivilisationskrankheiten, gewaltsame Heranziehung zu Dienstleistungen mit Ausbeutung in jeglicher Form, Alkohol und Prostitution. Der Schock all dieser Kontakte mit der sog. Zivilisation führte zur Demoralisierung, zum Verlust der kulturellen Identität und der wirtschaftlichen Unabhängigkeit. In dieser Situation sank Anfang der 70er Jahre als Zeichen der Aufgabe des Lebenswillens bei vielen Indianerstämmen die Geburtenzahl auf Null ab.

Haupthindernis für die moderne Erschließung und Raumplanung in Amazonien war der große Flächenbedarf der Wanderfeldbau betreibenden Indianer, der mit den Planungsvorstellungen der Politiker und Entwicklungstechnokraten kollidierte. Bereits seit Jahrzehnten waren Diskussionen um die Einrichtung von Indianerreservaten geführt worden, als 1961 mit der gesetzlichen Sicherung von Nationalparks ein erster Schritt getan wurde. Der Xingú-, der Araguaia- und der Tumucumaque-Nationalpark, die gleichzeitig zu Indianerschutzge-

Abb. 7.2/2: Planungsgrundlage für Nationalparks und Indianer-Reservate (Eigener Entwurf, nach Unterlagen von FUNAI)

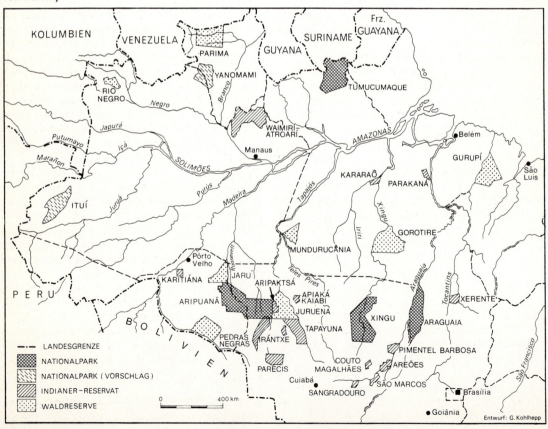

bieten erklärt wurden, entstanden in dieser Phase. 1969 kam noch das Aripuanã-Gebiet dazu (s. Abb. 7.2/2). Außerdem wurde die Einrichtung verschiedener Indianerreservate legalisiert, um die indianische Bevölkerung vor dem Expansionsdruck der Pionierfronten zu schützen. Leider wurden jedoch nur einige Reservate ihrer eigentlichen Funktion zugeführt.

Im Gegensatz zu den guten Anfängen des 1910 gegründeten Indianerschutzdienstes (SPI), der unter dem späteren Marschall *Rondon* — selbst Bororô-Nachkomme — hervorragende Arbeit geleistet hatte (Devise: ,,Sterben, wenn nötig, töten nie!"), waren dessen Aktivitäten aufgrund von finanziellen Schwierigkeiten, dem Mangel an qualifiziertem Personal, aber auch durch Korruption stark zurückgegangen. Die Vernachlässigung der Aufsichtspflicht und mangelndes Einschreiten gegen Gewaltaktionen an Indianern hatten 1967 zur Einrichtung einer neuen Organisation (FUNAI) geführt, die die Interessen der Indianer schützen sollte. Aber auch der Erfolg und der Handlungsspielraum der FUNAI sind sehr begrenzt. Während einerseits die Kulturtraditionen der Indianer und ihre Siedlungsgebiete geschützt werden sollen, muß sich FUNAI andererseits den regionalpolitischen Leitzielen der Regierung unterordnen, die die privatwirtschaftlichen Aktivitäten in der Region besonders fördert. Diese Konfliktsituation hat dazu geführt, daß die eigentliche Aufgabe nicht richtig erfüllt werden kann.

Insgesamt ist heute im Amazonasgebiet mit den verschiedenen Nationalparks und zahlreichen Reservaten eine Fläche von der Größe der Bundesrepublik Deutschland für die Indianer reserviert. In der Realität hat sich jedoch immer wieder gezeigt, daß diese Schutzgebiete nicht ordnungsgemäß gesichert sind und wirtschaftliche Interessen wie Straßenbauten und der Abbau mineralischer Rohstoffvorkommen Vorrang haben.

Ein Beispiel dafür ist der 22 000 qkm große Xingú-Nationalpark in Mato Grosso, das am besten organisierte Indianerschutzgebiet Brasiliens, das 1961 eingerichtet und von den Gebrüdern *Villas Boas* musterhaft geführt wurde. Im Rahmen des Straßenbaus Brasília-Manaus wurde der Nordteil des Nationalparks 1971 abgetrennt und mußte aufgegeben werden. Dies führte zur Umsiedlung der gerade dort nach dem Verlust ihrer Stammesgebiete angesiedelten Txukahamai-Indianer. Außerdem brachte die den Flächenverlust ausgleichende Süderweiterung des Xingú-Nationalparks ungünstigere natürliche Gegebenheiten mit sich.

Umsiedlungsaktionen schaffen zahlreiche Probleme. Dies gilt nicht nur für die unterschiedlichen ökologischen Gegebenheiten des neuen Lebensraums, sondern auch für die neue Nachbarschaft von Stammesgruppen, die untereinander traditionell verfeindet sind. Während es beim Bau der Transamazônica keine gravierenden Zwischenfälle gab, brachte der Straßenbau Manaus-Boa Vista blutige Zusammenstöße mit den Waimirí-Atroarí-Indianern. Der Bau der Fernstraße Cuiabá-Santarém brachte den bisher unbekannten Kréen-Akaróre den Untergang, da zu geeigneten Maßnahmen der Vorbereitung dieser Gruppe auf den Zivilisationsschock — wie üblich — keine Zeit mehr blieb. Reste des verzweifelten und von Ansteckungskrankheiten gezeichneten Indianerstammes, die — aus ihrem natürlichen Milieu herausgerissen — zum Gespött der Straßenbauarbeiter fassungs- und hoffnungslos dem Geschehen gegenüberstanden, wurden schließlich als Notlösung in den Xingú-Nationalpark umgesiedelt.

Veränderte Prioritäten aufgrund von neu entdeckten Rohstoffvorkommen führten häufig zur Auflösung oder Verkleinerung von Schutzgebieten. Die mit dem Prospektionsboom durch Bergbauunternehmen verursachten Eingriffe sind vielfältig: Bau von Stichstraßen, Camps, Flugplätzen und Helikopter-Landeplätzen, die andauernde Belästigung der benachbarten indianischen Bevölkerung durch Baumaschinen und Fluglärm, Sprengungen etc.

So litten v. a. die Cinta-Larga-Indianer in dem 1969 offiziell eingerichteten ,,Nationalpark Aripuanã" unter wirtschaftlichen Aktivitäten. Aufgrund von Zinnerz-, Uran- und Titanvorkommen, Gold- und Diamantenfunden wurden zahlreiche Prospektionslizenzen vergeben; daneben agierten Rinderfazendas und private Kolonisationsgesellschaften unter dem Schutz korrupter regionaler Politiker in diesem Schutzgebiet. Die zahlreichen Gewaltakte gegen die völlig verunsicherten Cinta Larga, die sich gegen die Eindringlinge zur Wehr zu setzen versuchten, wurden weithin bekannt.

Natürlich ist die Einrichtung von Indianerreservaten in Brasilien umstritten (u. a. ,,Zoo-Effekt"). Erfahrene Anthropologen haben jedoch immer wieder darauf hingewiesen, daß eine langsame Vorbereitung der eingeborenen Bevölkerung auf die heutige Situation geschlossene Reservate notwendig macht, die aber den ursprünglichen Lebensraum der Indianer einschließen müssen.

Die tragischen Ereignisse der letzten Jahre haben gezeigt, daß eine ,,schnelle Integration" der Indianer in die brasilianische Gesellschaft nicht möglich ist. Die ,,Integration" bestand in der Vergangenheit aus ,,gerechten" Kriegen, ,,Befriedung", Dezimierung, erzwungenen Arbeitsverhältnissen, religiöser Bekehrung und physischer und psychischer Degeneration.

Diese sog. Integration darf heute nicht darin bestehen, daß die indianische Bevölkerung unter Preisgabe ihrer kulturellen Identität und ihrer Stammesgebiete durch Kontakte mit der Bevölkerung der Pionierfront in jeder Beziehung marginalisiert wird. Auch die angestrebte Akkulturation hat nur die schnelle Angleichung an Sprache, Lebensnormen, Arbeitstechniken und Wirtschaftsziele der nichtindianischen Bevölkerung zum Ziel. Sie führt zur Aufgabe der Gruppenorganisation, zur Zerstörung der kulturellen und religiösen Werte und damit zur völligen Entwurzelung. Für die indianische Bevölkerung Amazoniens muß vor dem Hintergrund der sich in dieser Region abspielenden Interessenkonflikte ein besonderer Minderheitenschutz verwirklicht werden.

Der häufige Wechsel in der Leitung der Indianerschutzorganisation FUNAI weist auf den Protest bzw. die Resignation auch führender Mitarbeiter angesichts der Abhängigkeit von den jeweiligen Prioritäten der staatlichen Planung hin.

Von kirchlicher Seite wird den Indianern heute eine starke Unterstützung zuteil, nachdem fast alle Missionen in jüngerer Zeit weit stärker im sozialen und medizinischen Hilfsbereich als in der traditionellen Missionierung tätig sind. Die Missionen haben in den letzten Jahren einen grundlegenden Beitrag zum Schutz der Indianer vor Zivilisationsgefahren, wirtschaftlicher Ausbeutung, Vertreibung und Gewalttätigkeiten geleistet.

Wenn auch in jüngster Zeit bei den großen Projekten zur Regionalentwicklung dem Schutz der indianischen Bevölkerung in verstärktem Maße Bedeutung zugemessen wird und sich einige Indianerstämme auch politisch zu artikulieren beginnen — seit 1982 ist ein Xavante-Häuptling Kongreß-Abgeordneter in Brasília — sieht die Zukunft der Indianer Amazoniens sehr düster aus. Allerdings konnten jüngst indianische Stammesgruppen wie die Kayapó oder die Gaviões nach gewaltsamen Protestaktionen erstmals Entschädigungszahlungen für die Beeinträchtigung ihrer Siedlungsgebiete durch Entwicklungsprojekte bzw. finanzielle Anteile an der Goldausbeute auf ihrem Territorium erstreiten.

Grundsätzlich gilt jedoch weiterhin, daß die forcierte Integration sich zerstörend auswirkt und die moderne Gesellschaft den Indianern Amazoniens weder Zeit zur Eingewöhnung läßt, noch ihren Bedürfnissen Verständnis entgegenbringt (Bild 9).

Bild 9: Häuptling der Tiriós-Indianer im Gebiet von Tumucumaque: Gibt es eine Zukunft für die indianische Bevölkerung? (Bildquelle: *G. Kohlhepp*)

7.3 Landkonflikte zwischen kleinbäuerlichen Siedlern und wirtschaftlichen Interessengruppen

Ausgangspunkt für zahlreiche Konflikte sind die besitzrechtlichen Unsicherheiten sowie fehlende Organisation und Koordination des Landnahmeprozesses an der Pionierfront.

Eines der Grundübel ist die Praxis des „grilagem". Es ist dies die widerrechtliche Aneignung von Land mittels Eigentumstitel-Fälschungen sowie betrügerischer Manipulationen des Grundbuches. Als „grileiros" agieren häufig wirtschaftlich und politisch einflußreiche Einzelpersonen, Clans oder Gruppen, die ein Netz von Helfern und Abhängigen in allen Sektoren des öffentlichen Dienstes aufbauen. In Mato Grosso, Pará, Goiás und v. a. in Maranhão haben sich regelrechte „Fälscherschulen" etabliert. Trotz der Einrichtung von parlamentarischen Untersuchungskommissionen sind diese Vergehen oft nur sehr schwer nachzuweisen und mit langwierigen Rechtsstreitigkeiten verbunden.

Vor allem in bereits wirtschaftlich — etwa durch kleinbäuerliche Siedler — aufgewerteten Regionen konzentrieren sich die ‚Grileiros'. Der Urkundenfälschung und dem gerichtlichen Durchsetzen der Landansprüche folgt dann die Vertreibung der Squatter (Posseiros). Dies beginnt mit dem Anbieten sehr geringer Entschädigungssummen, steigert sich im Weigerungsfall zu Drohungen, Zerstörung der Behausungen, Vernichtung der Ernte und endet häufig in „Säuberungs"-Aktionen mittels gedungener Pistoleiros, die vor keinem Mord zurückschrecken. In den letzten Jahren wurden häufiger auch Priester, die sich für die Rechte der Posseiros einsetzten, von gedungenen Banditen ermordet.

Staatliche Stellen, v. a. auf bundesstaatlicher Ebene, tragen an dieser Situation oft Mitschuld, da der Landverkauf auf legale Weise an Großgrundbesitzer nur zu häufig ohne Berücksichtigung der oft Hunderte von Familien erfolgte, die zwar ohne Landtitel sind, aber teilweise schon lange Jahre ihre Existenz auf den zum Kauf angebotenen Ländereien fristen. Sie sind an einer Legalisierung des ihnen nach fünfjähriger kontinuierlicher Landnutzung zustehenden Rechtsanspruchs interessiert. Das Risiko wird hierbei von staatlicher Seite häufig auf den Käufer abgewälzt, der seine z. T. hohen Investitionen durch die Anwesenheit von Posseiros mit Besitzansprüchen gefährdet sieht und sich zur Wehr setzt.

Landkonflikte sind allgegenwärtig. Die Rechtsunsicherheit wird auch von Landbesetzern (Intrusos) ausgenutzt, die für Interessengruppen agieren, die sich in den Besitz von Ländereien bringen wollen. Aufgrund der starken Zuwanderung in die Pionierzonen Amazoniens kommt es in jüngster Zeit immer häufiger zu sog. „Invasionen". Landsuchende Siedler dringen in scheinbar ungenutzte Waldgebiete vor und beginnen dort mit der Anlage von Brandrodungen zum Anbau von Grundnahrungsmitteln. Die Reaktion der Landeigentümer — ob mit legalem Landtitel oder als Grileiro — läßt zumeist nicht lange auf sich warten. Die Eindringlinge werden nach Aufforderung zum Abzug, in seltenen Fällen von Polizei oder Militär, häufig aber von Pistoleiros mit Waffengewalt vertrieben. Diese Aktionen haben in den letzten Jahren immer häufiger zu gewaltsamen Gegenreaktionen der betroffenen Posseiros geführt.

Waldreserven und damit auch Indianerschutzgebiete, Regenwaldgebiete, die von ihren Eignern aufgrund der 50 % Rodungs-Klausel nicht gerodet werden dürfen, auch die Block-Waldreserven, die in Rondônia als Maßnahme kollektiven Waldschutzes in Kolonisationszonen versuchsweise eingeführt wurden, sind Hauptzielgebiete spontaner Landbesetzung. Gegen die unzähligen landsuchenden Kolonisten, aber auch gegen die Mafia der Landspekulanten und Grileiros haben bisher staatliche Maßnahmen kaum Wirkung gezeigt.

Nun herrscht in Brasilien auch kein Zweifel daran, daß Dienststellen mancher Bundesstaaten im Amazonasgebiet sich an dubiosen Landgeschäften beteiligen. So wurde im Staat Mato Grosso beispielsweise etwa 40 % mehr Land verkauft, als dieser Staat überhaupt Grundfläche besitzt.

Aus all diesen Gründen sah sich die brasilianische Bundesregierung veranlaßt, eine Sonderbehörde zur Grundbesitzregulierung zu gründen. Diese sog. GETAT versucht im Araguaia-Tocantins-Gebiet, einer für die dort stattfindenden gewalttätigen Auseinandersetzungen berüchtigten Region in den Bundesstaaten Pará, Goiás und Maranhão, durch Umsiedlung von Migrantenfamilien aus Konfliktgebieten und deren Ansiedlung in neuen Kolonisationsgebieten zur Entspannung der Situation beizutragen.

Neben der direkten Verdrängung von kleinen Siedlern durch kapitalstarke Betriebe kommt es an der Pionierfront zu einer Vielfalt von indirekten Verdrängungsprozessen. Erfolglosen Kolonisten mit Bargeldbedarf werden Teile ihres Landes oder das gesamte Landstück billig abgekauft. So führen selbst in staatlich gelenkten Kolonisationsgebieten der hohe Anteil an Mißerfolgen der kleinbäuerlichen Siedler und zahlreiche Probleme vor Ort, so u. a. die hohen Ausgaben für Medikamente gegen Tropenkrankheiten, zu Resignation und Abwanderung oder zur Verschuldung und letztlich zum Landverkauf und damit zu einer starken Mobilität und andererseits zur Landkonzentration.

Dies alles reproduziert Agrarsozialstrukturen, wie sie aus früheren Pionierzonen Brasiliens bekannt sind und zwingt die von der Verdrängung Betroffenen zur Weiterwanderung.

8 Anspruch und Wirklichkeit der regionalen Entwicklungsplanung in Amazonien

8.1 POLONOROESTE — ein neues Konzept zur integrierten Regionalentwicklung

Im Jahre 1981 wurde mit dem „Programa Integrado de Desenvolvimento do Noroeste do Brasil" (POLONOROESTE) ein neues Regionalentwicklungskonzept für ein Teilgebiet (410 000 qkm) der Planungsregion „Amazônia Legal" verabschiedet, das den jetzigen Bundesstaat Rondônia und einige Munizipien des nordwestlichen Mato Grosso umfaßt.

Während die Prioritäten des POLAMAZÔNIA-Programms (s. Kap. 4.4) auch bei der landwirtschaftlichen Entwicklung eindeutig auf der Förderung von Großprojekten lagen, konzentriert sich POLONOROESTE auf die Entwicklung des ländlichen Bereichs und dabei auf kleinbäuerliche Betriebe. Eigentlich ist diese Entwicklung, die stark von den neuen Strategien der Weltbank beeinflußt wurde, eine Wiederaufnahme der 1970 im Programm der Nationalen Integration für die Erschließung Amazoniens propagierten Agrarkolonisation auf kleinbetrieblicher Basis. Insofern setzte POLONOROESTE an einem bereits in Gang befindlichen Siedlungsprogramm in Rondônia (s. Kap. 4.3) an.

Neu an diesem Konzept ist vor allem der integrierte Entwicklungsansatz für den ländlichen Raum, die deutliche Prägung durch die Grundbedürfnis-Strategie („basic needs strategy") und der Versuch stärkerer Partizipation der kleinbäuerlichen Bevölkerung. Als Abkehr von früheren, häufig einseitig wachstumsorientierten Modellvorstellungen wirtschaftlicher Entwicklung werden jetzt die unterprivilegierte ländliche Bevölkerung und deren Integrationsmöglichkeiten in den Mittelpunkt des großräumigen Vorhabens gestellt, das auch den Schutz der indianischen Bevölkerung und die Umwelterhaltung berücksichtigen soll.

Die auf 1,55 Mrd. US-Dollar veranschlagten Gesamtkosten werden — erstmalig in einem Projekt dieser Größenordnung im brasilianischen Amazonien — zu einem Drittel von der Weltbank getragen. Die Koordination der Programm-Ausführung erfolgt über SUDECO, die Behörde zur Entwicklung des Mittelwestens.

Leitziele von POLONOROESTE sind v. a. die gezielte Weiterführung der Maßnahmen zur nationalen Integration durch Förderung der Besiedlung der Region durch ökonomisch marginalisierte Bevölkerungsgruppen anderer Landesteile sowie die Verbesserung der wirtschaftlichen Situation der Betroffenen und damit ein Abbau der interregionalen Disparitäten.

Die wichtigsten Maßnahmen bzw. Einzelprogramme von POLONOROESTE sind die Straßenverkehrserschließung mit der 1984 abgeschlossenen Asphaltierung des 1 450 km langen Abschnitts der zentralen Achse Cuiabá-Porto Velho (Bundesstraße 364), für die allein 42 % der Finanzmittel benötigt wurden, sowie der Bau eines Netzes von ländlichen Erschließungsstraßen, die Konsolidierung und Einrichtung von integrierten Kolonisationsprojekten mit staatlich gelenkter Besiedlung, die Regulierung der Grundeigentumsverhältnisse, die Förderung der Agrarproduktion und deren Vermarktung sowie die Verbesserung der gesamten ländlichen Infrastruktur und der sozialen Dienstleistungen (s. Abb. 8.1/1).

Etwa 10 % der Gesamtkosten des POLONOROESTE-Programms sind für die integrierte ländliche Entwicklung vorgesehen. Im Gegensatz zu früheren Projekten, die ebenfalls als „integriert" bezeichnet wurden, soll hier die Interaktion sozialer und ökonomischer Maßnahmen in einem räumlich funktionsfähigen System realisiert werden. Die Grundbedürfnisse der ländlichen Unterschichten, der zentralen Zielgruppe, sollen befriedigt werden, und über die Beteiligung an den für sie wesentlichen Entscheidungen und damit am gesamten Prozeßablauf sollen diese Gruppen motiviert und aktiviert werden. Zu der angepaßten Technologie bei der Produktion landwirtschaftlicher Güter sollen soziokulturell und regionalspezifisch angepaßte Dienstleistungen auf allen Sektoren kommen. Das integrierte ländliche Entwicklungskonzept für Rondônia sieht bei der ländlichen Sozialorganisation v. a. die Bildung von sog. „Kommissionen zur ländlichen Entwicklung" (CDR) vor, deren Aufgaben die Organisation der Selbsthilfe bei Bau und Instandhaltung der Erschließungsstraßen, die Diskussion und Formulierung der Grundbedürfnisse der Gemeinschaft und die Vertretung der Bevölkerung gegenüber staatlichen Organen sind.

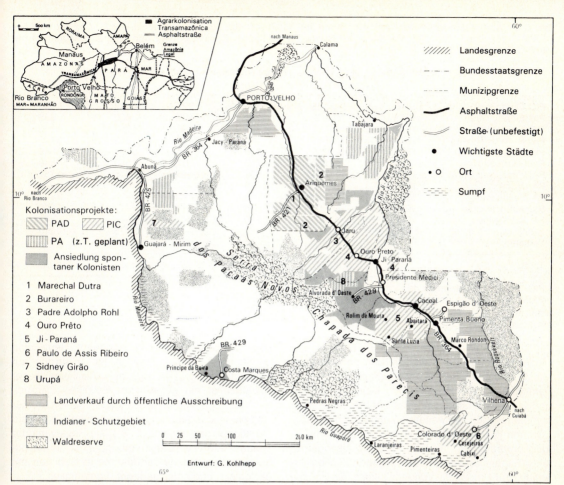

Abb. 8.1/1: Agrarkolonisation in Rondônia (POLONOROESTE) (Eigener Entwurf, aus: *Kohlhepp* 1985, S. 3)

In der ersten Hälfte der 80er Jahre hat sich die Binnenwanderung nach Rondônia beträchtlich verstärkt. Nachdem Rondônia 1982 zum Bundesstaat erhoben wurde und sich die Straßenverhältnisse ständig verbesserten, stieg die Zahl der Zuwanderer 1983 auf 93 000 und 1984 auf über 153 000. Im Jahre 1985 dürften es angesichts der sich für die ländliche Bevölkerung in weiten Teilen Südost- und Südbrasiliens, aber auch in den Großstädten verschlechternden Situation über 200 000 gewesen sein. Trotz erschöpfter Aufnahmefähigkeit der Kolonisationsgebiete und der bereits erfolgten Aufsiedlung der natürlichen Gunsträume hat Rondônia seinen Ruf als das neue „El Dorado" behalten. Die Gesamtbevölkerungszahl Rondônias, die 1970 erst 111 000 betrug und bis 1980 auf eine halbe Million Einwohner zunahm, hat sich bis 1985, als die Millionengrenze überschritten wurde, nochmals verdoppelt.

Bis Juli wurden in den 3,2 Mill. ha umfassenden Kolonisationsprojekten Rondônias 44 000 Familien angesiedelt (bis 1977: 12 660; s. Tab. 8.1/1). Während in der ersten Hälfte der 70er Jahre die Ansiedlung von Familien aus Minas Gerais (30 %) und Espírito Santo (25 %) überwog, steht seit Ende des vergangenen Jahrzehnts die Zuwanderung aus Paraná deutlich an der Spitze (1984: 26,7 %), gefolgt von Migranten aus Mato Grosso (13 %), São Paulo (12,4 %) und Minas Gerais (9,9 %). Der Anteil der Binnenwanderung aus Paraná wäre noch höher, wenn nicht einige Hunderttausend Menschen aus Paraná im näheren und klimatisch mit dem Herkunftsgebiet vergleichbaren Ost-Paraguay eine neue Heimat gefunden hätten. Eine große Zahl von Zuwanderern hat bereits mehrere Wanderungsetappen hinter sich.

Agrarstrukturelle Veränderungen, — in Nord-Paraná der Rückgang des arbeitsintensiven Kaffeeanbaus aufgrund von Frostschäden und die Umstellung auf arbeitsextensive Rinderhaltung; in West-Paraná das Vordringen des hochmechanisierten und kapitalintensiven Soja- und Weizenanbaus und die damit verbundene Expansion der großen Mittel- und Großbetriebe — führten zur Freisetzung

Tab. 8.1/1: Agrarkolonisation in Rondônia (Stand Juli 1985) (Quelle: Zusammengestellt von *M. Coy* nach MEAF-INCRA-CEER, Nov. 1984; MIRAD-INCRA-DR Rondônia, Juli 1985, *Kohlhepp* 1984 und eigene Erhebungen bei INCRA, Porto Velho 1977)

Kolonisationsprojekt	Gründungsjahr	Projektfläche (ha)	Parzellengröße (ha)	Zahl der angesiedelten Familien		
				1977	Juli 1983	Juli 1985
PIC Ouro Prêto	1970	512 585	100	3 371	4 222	5 162
PIC Sidney Girão	1971	60 000	100	482	635	638
PIC Gy-Paraná	1972	486 137	100	3 148	4 755	4 756
PIC P. Assis Ribeiro	1973	293 580	100	2 429	3 353	3 106
PIC Padre A. Rohl	1975	407 219	100	1 183	3 406	3 689
PAD Burareiro	1974	304 925	250	601	1 540	1 540
PAD Marechal Dutra	1975	494 661	100	1 446	4 675	4 767
PA Urupá	1981	75 460	30	—	1 070	1 212
PA Machadinho	1982	382 940	42	—	—	2 920
PA Bom Principio	1983	190 000	65	—	—	1 200
PA São Felipe	1984	o. A.	50	—	—	450
„Assentam. Rápido"	ab 1980	o. A.	50	—	12 315	12 315
Verschiedene	—	o. A.	versch.	?	2 593	2 283
Total		3 207 507		12 660	38 564	44 038

PIC = Projeto Integrado de Colonização
PAD = Projeto de Assentamento Dirigido
PA = Projeto de Assentamento

von ländlichen Arbeitskräften und im Rahmen von Modernisierung und Kapitalisierung der Landwirtschaft zu starker Besitzkonzentration. Es kam zur Verdrängung von Kleinbauern, kleinen Pächtern und landlosen Land- und Wanderarbeitern. Dazu kommen Folgen von weiteren Maßnahmen der sog. „Grünen Revolution" und von speziellen Entwicklungsprogrammen, wie z. B. des Pro-Alkohol-Projekts (Expansion des großbetrieblichen Zuckerrohranbaus zur Produktion von Äthylalkohol als Benzinersatz).

Die Zuwanderung nach Rondônia ist also vor allem die Konsequenz einer Notsituation, eine Verdrängungsmigration, ein durch ausweglos scheinende sozioökonomische Verhältnisse in anderen Landesteilen erzwungener Wanderungsprozeß marginalisierter ländlicher und jüngst auch zunehmend städtischer Bevölkerung, für die die räumliche Mobilität an die Pionierfront v. a. den Wunsch nach sozialer Mobilität durch Landerwerb bedeutet.

Zielgebiete der Zuwanderer sind weiterhin die Kolonisationsprojekte entlang der asphaltierten Haupt-Straßenachse im zentralen Rondônia sowie neue Projekte, z. B. Machadinho im Nordosten des Staates (s. Tab. 8.1/1). Die im Bau befindlichen Bundesstraßen 421 und insbesondere 429 (Presidente Médici — Costa Marques) leiten die Entwicklung immer stärker von der Hauptachse nach Westen ab.

Die ungebremste Zuwanderung, die das größte Problem für die Organisation der gelenkten Agrarkolonisation und die Koordination der notwendigen Maßnahmen ist, verursacht eine immer stärkere Diskrepanz zwischen dem enormen Landbedarf und dem beschränkten Landangebot. Heute sind bereits über 30 000 Familien mit Anspruch auf Landzuteilung offiziell registriert. Als Folge dieser Situation ist ein gefährlicher Bevölkerungsdruck auf die noch vorhandenen Landreserven in der Region entstanden, für die aber großenteils andere Funktionen geplant sind, z. B. Wald-Reserven oder Indianerreservate. Damit verbunden ist die unkontrollierbare spontane Landnahme in Gebieten mit ökologisch bedingter geringer Tragfähigkeit.

Die an der Hauptstraße entstandenen und schnell gewachsenen Städte werden zunehmend zum „Wartesaal" für die landsuchende Bevölkerung, was zu beträchtlichen sozialen Spannungen führt. Wie können nun die Kolonisationsprojekte in Rondônia bewertet werden? Ist die Situation der Siedler dort ungestört und privilegiert und ist bereits eine Konsolidierung der sozialen und wirtschaftlichen Verhältnisse eingetreten?

Die in Brasilien bereits bekannte Erkenntnis, daß es bei der Erschließung von Neulandgebieten zu einer Wiederholung von Pionierfront-Szenarios im sozioökonomischen Sinne kommt, hat sich auch in Rondônia bewahrheitet. Wie in den Herkunftsgebieten der Kolonisten, z. B. in West- und Nordwest-Paraná, kam es in Rondônia schon nach wenigen Jahren in verstärktem Maße zum Verkauf von Parzellen und damit zu einer sozialen Differenzierung (*Coy* 1986). In einigen Teilgebieten haben schon bis zu 80 % der Betriebe den Eigentümer mindestens einmal gewechselt. Als Landkäufer treten z. T. Spekulanten auf, z. T. auch eine aufstrebende städtische Führungsschicht. Entsprechend des zur Verfügung stehenden Kapitals kommt es damit einerseits zu Tendenzen der Landeigentumskonzentration, andererseits erwerben Neusiedler auch — häufig für eine langfristige Existenzmöglichkeit zu kleine — Parzellenteile oder sie kommen als ,,agregado" auf dem Landstück von Verwandten und Freunden unter, wo sie eine kleine Fläche zur Bewirtschaftung erhalten und als Gegenleistung ihre Arbeitskraft zur Verfügung stellen.

Die Gründe für die hohe Mobilität an der Siedlungsgrenze sind vielfältig. Die fehlenden Kreditaufnahmemöglichkeiten führen nach schlechten Ernten oder niedrigen Preisen für die Agrarprodukte, die z. T. auch aus der Abhängigkeit von Zwischenhändlern resultieren, zur Betriebsaufgabe als Notmaßnahme. Resignation aufgrund der schwierigen Lebensbedingungen, durch den schlechten Zustand der Nebenstraßen, die starke Verbreitung von Tropenkrankheiten, v. a. der Malaria, die allgemeinen Verschuldungsprobleme sowie dringender Bargeldbedarf kommen hinzu.

Dem finanziell oft ungünstigen Landverkauf folgt zumeist die Abwanderung in die jungen städtischen Siedlungen, wo aufgrund des noch begrenzten oder Spezialkenntnisse voraussetzenden Arbeitsplatzangebots die Arbeitssuche zum Dauerzustand wird und die soziale Instabilität zunimmt. Ein Teil der Siedler wendet sich nach der Betriebsaufgabe neuen Pionierfronten im Amazonasgebiet zu, wo sich der Vorgang zumeist wiederholt.

In den Pionierstädten läßt sich bereits eine deutliche soziale Segregation zwischen einer städtischen Mittel- und Oberschicht, der Ärzte, Anwälte, Händler, Transportunternehmer, hohe Verwaltungsbeamte etc. angehören, und der breiten Unterschicht von Zuwanderern feststellen. In der zentralörtlichen Hierarchie der Städte des zentralen Rondônia rangiert Ji-Paraná als Regionalzentrum. Cacoal, Ariquemes, Pimenta Bueno oder Ouro Preto folgen in deutlichem Abstand (s. Abb. 8.1/1). Am Beispiel der ländlichen Kleinstzentren (NUAR), die einen Einzugsbereich von 1000—1200 Familien besitzen und die für diese Bevölkerung die Inanspruchnahme verschiedener Dienstleistungen gewährleisten sollten, wird klar, daß die Konsolidierungsmaßnahmen im ländlichen Raum im POLONOROESTE-Programm nur in geringem Maße geglückt sind. Mit den NUAR, die einen von den ländlichen Entwicklungskommissionen gewählten Verwalter haben, sollten insbesondere Infrastrukturdefizite ausgeglichen werden, um damit der Tendenz der Betriebsaufgabe und Abwanderung in die Stadt entgegenzuwirken. Gerade die infrastrukturelle Ausstattung und Funktionstüchtigkeit läßt jedoch in den 20 bisher eingerichteten NUAR zu wünschen übrig. Trotz der modifizierten inhaltlichen Zielsetzung des NUAR-Konzepts zeigen sich viele Probleme, die auch das geplante zentralörtliche System an der Transamazônica scheitern ließen (s. Kap. 4.3). Inzwischen wurde die Einrichtung neuer NUAR gestoppt.

Wie kann nun POLONOROESTE als Programm zur integrierten Regionalentwicklung insgesamt beurteilt werden?

Die Grundkonzeption mit Schwerpunkt auf der Förderung der kleinbäuerlichen Landwirtschaft ist zweifellos richtig und verdient verstärkte finanzielle Unterstützung. Die Probleme liegen hauptsächlich in den Details der Umsetzung der Planung. Personelle, technische und organisatorische Probleme haben bewirkt, daß weder die Agrarberatung noch die ländliche Sozialorganisation an die regionalen Gegebenheiten bzw. an den Bildungsstand der Betroffenen angepaßt sind. Auch ist es nicht verwunderlich, daß eine echte Partizipation der ländlichen Bevölkerung nach dem bisherigen Desinteresse der Regierung sich nur langsam im Rahmen einer kontinuierlichen Bewußtseinsbildung entwickeln kann. Ansätze zu einem ,,development from below", das wohl nur mit Einschränkungen möglich ist, wurden z. T. durch Vertreter, die nach einer politischen Profilierung suchten, fehlgeleitet. Auf diesem Sektor kommt den kirchlichen Aktivitäten im Rahmen der Basisgemeinden eine besondere Aufgabe zu. Staatliche und kirchliche Maßnahmen dürfen jedoch unter den heutigen politischen Voraussetzungen der ,,Neuen Republik" (seit 1985) nicht als Konkurrenz gesehen werden, sondern müssen koordiniert werden.

Bei POLONOROESTE muß der plangerechte Ablauf von Teilmaßnahmen und deren inhaltliche Erfüllung und Koordination verbessert werden.

Erfolg oder Mißerfolg werden an der Qualität der Lösung folgender Problembereiche bemessen:

— *Infrastruktur:* Eine funktionsfähige Ausstattung der ländlichen Versorgungszentren und ein einwandfreier Zustand des Nebenstraßen- und Wegesystems muß künftig bereits bei Siedlungsbeginn vorhanden sein.

— *Medizinische Versorgung:* Von grundlegender Bedeutung für die Konsolidierung der Besiedlung Rondônias wird die Bekämpfung der Malaria sein, die höchste Verbreitungsraten erreicht und infolge des Auftretens resistenter Stämme von Plasmodium falciparum besonders schwer prophylaktisch zu verhindern ist. In den Hauptverbreitungsgebieten um Ariquemes und Jarú ist Malaria aufgrund der gesundheitlichen Schäden, aber auch aufgrund von Arbeitsausfall durch Erkrankung und damit Produktionsverlusten sowie durch finanzielle Einbußen infolge hoher Arzt- und Arzneikosten zu einem existentiellen Problem geworden.

— *Landtitel-Regulierung:* Hier steht die Sicherung der Eigentumsansprüche der Siedler und damit der Zugang zu Krediten sowie die Verhinderung der Landspekulation im Mittelpunkt.

— *Agrarberatung:* Vermittlung praktischer Kenntnisse der Anwendung angepaßter Landnutzungssysteme, v. a. der Agroforstwirtschaft, und Aufbau eines funktionsfähigen Genossenschaftswesens zur Verminderung der Abhängigkeit von Zwischenhändlern und zur besseren Vermarktung der Agrarprodukte.

— *Konsolidierung und Koordination:* Erforderlich sind die sozioökonomische Konsolidierung der Entwicklung in den älteren Siedlungsgebieten und die bessere Koordination der sektoralen, regionalen und funktionalen Maßnahmen bei Neuansiedlung und deren Ausrichtung auf soziale Stabilisierung.

Die Einrichtung von Indianerreservaten und von Waldreserven, die in der Programmplanung schlagwortartig betont wird, ist nicht endgültig gesichert. Zahlreiche ,,Invasionen" durch spontane Landnahme von Squattern etc. zeigen, daß weder das Existenzrecht der Indianer respektiert wird, noch die ökologische Notwendigkeit der Verhinderung der Totalrodung auf Verständnis stößt. So sollte mit der Einrichtung von Block-Waldreserven die Anforderungen der brasilianischen Forstgesetze gesichert, aber die Ausführung nicht mehr dem Einzelbetrieb überlassen bleiben. Das Ergebnis war, daß die Regenwälder als ,,Verfügungsmasse" gedeutet werden.

Nun ist die konservierende Reservatspolitik sicher ein nicht unumstrittenes Konzept der räumlichen Ordnung. Andererseits ist das Abwarten einer tiefergehenden Sensibilisierung staatlicher Organe oder der aktiven Gruppen an der Pionierfront nicht die geeignete Maßnahme, um die Interessenkollision mit der autochthonen Bevölkerung oder die Zerstörung des ökologischen Gleichgewichts in Selbsterkenntnis zu vermeiden. Angesichts der Überflutung der Region durch Zuwanderer wird auch eine an das ökologische Standortpotential adaptierte, die natürlichen Ressourcen schonende Bodennutzung nicht zur Erhaltung größerer Waldbestände beitragen.

Völlig falsch wäre es, die Entwicklung in Rondônia nur aus der regionalen Sicht zu sehen. Die gesamtbrasilianische Situation erfordert eine umfassende Agrarreform zur Lösung der agrarstrukturellen und agrarsozialen Probleme in den traditionellen Siedlungsgebieten. Nur dadurch kann es gelingen, die Zuwanderung nach Amazonien auf ein Maß zu verringern, das bei geordneter Landnahme ein ausreichendes Landangebot in ökologischen Eignungsräumen gewährleistet. Agrarkolonisation in Amazonien darf nicht als Alternative zu einer allgemeinen Agrarreform definiert werden, wie dies früher von staatlicher Seite propagiert wurde (s. *Kohlhepp* 1979). Im Gegensatz zu Mato Grosso und Pará ist Rondônia bisher weitgehend vom massiven Eindringen des nationalen und internationalen Großkapitals und seinen problematischen Konsequenzen im ökologischen und sozioökonomischen Bereich verschont geblieben. Es darf jetzt nicht zu einer Durchlaufstation der in die tropischen Regenwälder vordringenden Pionierfront werden.

Leider zeigt das aufwendige POLONOROESTE-Programm trotz der Kontrolle durch die Weltbank bereits nach einer kurzen Phase starke Anzeichen von hoher Landmobilität, sozialer Destabilisierung und Eigentumskonzentration mit Verdrängung der kleinbäuerlichen Pionierbevölkerung und beginnende Phänomene der ,,hollow frontier", d. h. Entleerung von Teilen des ländlichen Raums durch Zunahme extensiver Rinderweidewirtschaft, wie dies von anderen Pionierzonen Brasiliens bekannt ist.

Besonders problematisch ist der Umstand, daß die begrenzten Gebiete mit den nährstoffreichsten Böden in ihrer Aufnahmefähigkeit bereits überlastet sind. Die spontane Inbesitznahme naturräumlicher Ungunstgebiete mit sehr geringer Tragfähigkeit wird durch hohen Bevölkerungsdruck auf beschränkte Ressourcen in zunehmendem Maße zu Konfliktsituationen an der Pionierfront führen.

Letztlich können nur entsprechende politische Rahmenbedingungen mit Prioritätssetzungen auf nationaler Ebene den Erfolg von POLONOROESTE garantieren. Die Entwicklungen in Rondônia sind für die zukünftigen Strategien zur siedlungs- und agrarräumlichen Inwertsetzung Amazoniens im Rahmen einer den regionalen Gegebenheiten angepaßten Entwicklungsplanung von ganz entscheidender Bedeutung.

Aus diesem Grund ist es völlig unverständlich, daß vor dem Hintergrund all der genannten Schwierigkeiten die Interamerikanische Entwicklungsbank (IDB) die Mitfinanzierung der Asphaltierung der Straße Porto Velho (Rondônia) nach Rio Branco (Acre) übernommen hat, ohne damit eine umfassende regionale Entwicklungsplanung zu verbinden. Es droht die Gefahr, daß Acre die ,,Ventilfunktion" für die sozial angespannte Situation in Rondônia übernehmen wird und sich damit die Problematik räumlich verlagert, ohne daß die Konsolidierungsphase von POLONOROESTE abgeschlossen ist.

8.2 Programa Grande Carajás — zur Problematik von Großprojekten bei der Regionalentwicklung in Amazonien

Vor dem in den vorangegangenen Ausführungen geschilderten Hintergrund ist die Frage von Bedeutung, ob die von der brasilianischen Regierung in Gang gesetzten jüngsten Großprojekte in Amazonien auf der Erfahrung früherer Vorhaben zur Regionalentwicklung beitragen. Diese Frage soll am Beispiel des „Programa Grande Carajás" (PGC) untersucht werden, das als integrierter Gesamtplan der Regionalentwicklung des östlichen Amazonien dienen soll.

Ansatzpunkt für die Entwicklungskonzeption sind riesige mineralische Rohstoffvorkommen, v. a. Eisenerze, in der Serra dos Carajás, 550 km südwestlich von Belém im Staat Pará (s. Kap. 5.1). Ein regionales Entwicklungsprogramm soll an den Abbau und die Aufbereitung der Rohstoffvorkommen gekoppelt werden.

Ende 1980 wurde vom brasilianischen Staatspräsidenten ein sog. Interministerieller Rat als verantwortliche Organisationsform des PGC geschaffen. Dieser Rat ist allen Bundesbehörden gegenüber weisungsbefugt, was auch einer Entmachtung von SUDAM — bisher für diese Region zuständig — gleichkommt.

Programmregion ist ein etwa 840 000 qkm großes Gebiet in den Staaten Pará, Maranhão und Goiás, wobei die PGC-Region fast den gesamten Staat Maranhão umfaßt. Westgrenze ist der Rio Xingú (s. Abb. 8.2/1). Die etwas willkürlich erscheinende Abgrenzung dieser Region geht von drei Prämissen aus. Sie sieht die Einbeziehung des gesamten Bergbaureviers der Serra dos Carajás, der Wasserstraße Araguaia-Tocantins mit ihrem bedeutenden Wasserkraftpotential sowie einer Eisenbahntrasse („Export-Korridor") von der Serra dos Carajás zum

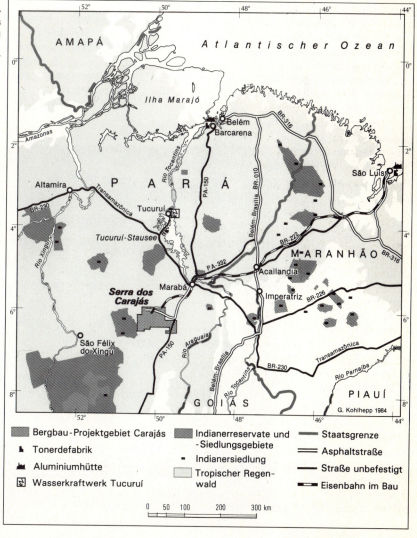

Abb. 8.2/1: Programmregion Grande Carajás (Eigener Entwurf, nach Unterlagen des PGC)

Hafen Ponta da Madeira bei São Luís in Maranhão vor.

Die neue Konzeption eines umfassenden Entwicklungsplans für Ost-Amazonien sieht ein Gesamt-Investitionsvolumen von 62 Mrd. US-$ in einem 10-Jahres-Zeitraum für die integrierte Nutzung des bergbaulichen, hydroelektrischen, forst- und landwirtschaftlichen Potentials sowie für die Verkehrsinfrastruktur und die industriellen Projekte vor.

Das Programa Grande Carajás umfaßt folgende Sektoren:
1. Infrastruktur mit Priorität auf:
   — Erzbahnlinie Serra dos Carajás — Ponta da Madeira/São-Luís
   — Bau und Ausbau der Häfen Ponta da Madeira, Barcarena
   — Investitionen zur Einrichtung von Exportkorridoren
   — Ausbau der Flußwege für Massengütertransport
   — Infrastruktur und Transportausrüstung für wichtige Entwicklungsprojekte
   — Hydroelektrische Inwertsetzung des Flußsystems (v. a. Großkraftwerk Tucuruí).
2. Abbau, Aufbereitung und Industrialisierung von mineralischen Rohstoffen
3. Andere wirtschaftliche Aktivitäten, welche die Regionalentwicklung fördern, z. B. Landwirtschaft, Viehzucht, Agroindustrie.

Grundlage aller Überlegungen der Regierung ist die Überzeugung, daß Brasilien durch eine umfassende Inwertsetzung des natürlichen Potentials der Programmregion eine bedeutende Steigerung seiner Exporterlöse erzielen wird und damit — selbst bei der Notwendigkeit sehr hoher anfänglicher Investitionen — seine internationalen Zahlungsverpflichtungen erfüllen und seine Auslandsschulden abtragen kann. Andererseits ist das Programm aufgrund seiner finanziellen Dimensionen und der Problematik der sozialen Relevanz der Projekte heftig umstritten.

Tab. 8.2/1: Mineralische Rohstoffvorkommen in der Serra dos Carajás und ihre Bedeutung für Brasilien (Quelle: *Kohlhepp* 1984, S. 148 nach Angaben der CVRD und des Min. für Bergbau und Energie)

Erzvorkommen	Carajás (in Mio t)	Brasilien (in Mio t)	Anteil der Carajás-Vorkommen in %
Eisen	17 885	31 886	56
Kupfer	1 200	1 916	63
Mangan	60	452	13
Bauxit	48	4 700	1
Nickel	47	344	14
Zinn	0,037	0,15	16

Bild 10: Erzzug auf der neuen Bahnlinie bei Serra dos Carajás (Bildquelle: CVRD)

Abb. 8.2/2: Mineralische Rohstoffvorkommen in der Serra dos Carajás (Eigener Entwurf, aktualisiert nach: *Kohlhepp* 1984, S. 149)

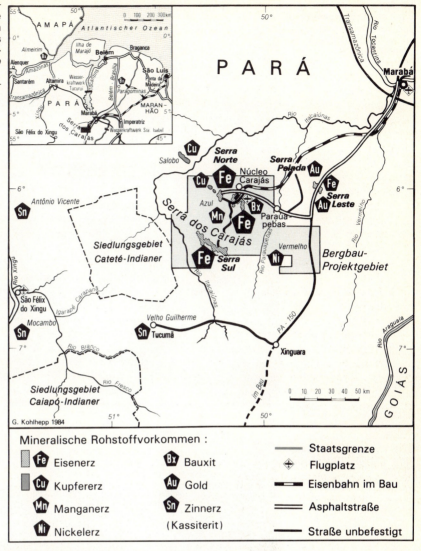

Zur Einbeziehung privatwirtschaftlicher Aktivitäten wurde ein außergewöhnliches Bündel von steuerlichen Vergünstigungen und Subventionen geschaffen, so z. B. Einkommensteuerbefreiung für alle Unternehmen für 10 Jahre, zollfreie Einfuhr von Ausrüstungsgütern, verbilligter Energiebezug, außerdem staatliche Garantien für Kreditaufnahme im In- und Ausland.

Nachdem das mehrheitlich staatseigene Bergbauunternehmen Cia.Vale do Rio Doce (CVRD) nach Scheitern des mit U.S. Steel geplanten joint venture auch bei der Suche nach anderen ausländischen Counterparts — vor dem Hintergrund einer weltweiten Rezession auf dem Stahlsektor — erfolglos war, entschloß sich CVRD zur alleinigen Kostenübernahme bzw. Kapitalbeschaffung für die im Eisenerzprojekt Carajás (Bergbau, Erzbahn, Hafen, Siedlungen), dem zentralen Teilprojekt des gesamten PGC, notwendigen Direktinvestitionen von ca. 3 Mrd. US-$. Mit den Finanzierungskosten werden sich die Investitionsmittel auf 4,9 Mrd. US-$ belaufen, von denen Brasilien 62 % stellt und die übrigen Mittel durch Anleihen aus Europa (EG) (15 %), USA (12 %) und Japan (11 %) gedeckt werden.

Die enormen mineralischen Rohstoffvorkommen, die sich auf einer Fläche von nur 3500 qkm konzentrieren, machen die Serra dos Carajás zu einem der bedeutendsten Bergbaustandorte der Welt (s. Abb. 8.2/2). In der PGC-Planungsregion befinden sich zudem 52 % (2,5 Mrd. t) der Bauxitreserven Brasiliens.

Die 890 km lange, für über 1,4 Mrd. US-$ erbaute Erzbahnlinie von der Carajás-Region zum Tiefwasserhafen für Schiffe bis 280 000 tdw am Atlantik bildet nicht nur das infrastrukturelle Rückgrat des Eisenerzprojekts, sondern sie übernimmt die Funktion einer Entwicklungsachse für PGC. Mitte 1986 begann der Eisenerztransport in einer Größenord-

Bild 11: Erzaufbereitung und Verladeeinrichtungen in der Serra dos Carajás (Bildquelle: CVRD)

Bild 12: Städtische Siedlung Carajás (Bildquelle: CVRD)

nung von 15 Mio t/Jahr, 1988 sollen 35 Mio t jährlich erreicht werden. Die Eisenerzvorkommen von Carajás, die allein ca. 18 Mrd. t Reicherze (Hämatite) von durchschnittlich 66,1 % Fe-Gehalt umfassen, werden im Tagebau abgebaut. Der Abbau, der am Erzkörper der Serra Norte beginnt (s. Abb. 8.2/2; Bild 11), kann allein dort bei einer Jahresproduktion von 35 Mio t während eines Zeitraums von 35 Jahren erfolgen. Die Serra dos Carajás, die bis 1977 nur auf dem Luftweg erreichbar war, ist heute auch mit einer 1983 asphaltierten Straße mit dem Regionalzentrum Marabá verbunden. Auf dem Plateau der Serra Norte ist eine Stadt für 15 000 Personen im Bau (Bild 12). Ebenso wurde ein moderner Flughafen eingerichtet.

Die CVRD hat bei ihren Projekten mit Erfolg umfangreiche Maßnahmen zum Umweltschutz vorgenommen.

Während ein Teil der geförderten Eisenerze in den brasilianischen Markt fließt, z. T. auch in der Region selbst verhüttet werden wird, hat die CVRD trotz der internationalen Stahlkrise bereits Lieferverträge für Carajás-Eisenerze abgeschlossen, die 1986 21 Mio t betragen und 1988 24,65 Mio t für den Export vorsehen, davon u. a. 10 Mio t (40 %) nach Japan, und knapp 6 Mio t (24 %) an die Bundesrepublik Deutschland.

Von den übrigen Erzvorkommen werden zunächst die Manganerze mit bis zu 1 Mio t/Jahr abgebaut, die zu 75 % für den nationalen Markt bestimmt sind. Der Abbau der übrigen Erzreserven ist noch im Planungsstadium, wird später wohl v. a. durch private Bergbauunternehmen erfolgen, die aufgrund der staatlichen infrastrukturellen Vorleistungen profitieren werden.

Die Errichtung von Hüttenwerken auf dem Aluminiumsektor wird zügig vorangetrieben. Die verkehrsgeographische Gunst von São Luís, der Hauptstadt des Staates Maranhão, hat den Ausschlag für den Standort eines Industrieparks gegeben, in dem die geplante Stahl- und Sinterproduktion allerdings vorerst zurückgestellt wurde. Das seit Ende 1984 mit der ersten Produktionsstufe in Betrieb befindliche Werk der Alumar (Alcoa/Shell), das z. Z. auf eine Jahresproduktion von 150 000 t Aluminium und 0,5 Mio t Aluminiumoxyd (Tonerde), ein Zwischenprodukt der Aluminiumherstellung, ausgelegt ist, ist mit Investitionen von 1,5 Mrd. US-$ das größte jemals in Brasilien privat finanzierte Industrieprojekt. Bis 1988/89 ist ein Ausbau auf 0,3 Mio t Aluminium und 3 Mio t Tonerde geplant. Damit würde in São Luís eine der größten Tonerde-Raffinerien der Welt und eine Aluminium-Produktion entstehen, die die heutigen Importnotwendigkeiten Brasiliens weit übertreffen würde. Die Bauxitversorgung erfolgt ausschließlich aus dem Trombetas-Gebiet. Die Schaffung von einigen Tausend Arbeitsplätzen in São Luís hat zu einer starken Zuwanderung aus dem extrem armen Hinterland von Maranhão geführt. Es entstehen Arbeiterwohnsiedlungen im sozialen Wohnungsbau für über 20 000 Menschen.

Der Aluminiumhüttenkomplex des brasilianisch-japanischen Konsortiums Alunorte/Albras soll in Barcarena, 40 km südwestlich Belém am Rio Pará, zur größten Aluminium-Produktion in Südamerika führen, die zu gleichen Teilen für den Binnenmarkt und den Export vorgesehen ist. Dabei sollen Ende der 80er Jahre 800 000 t Tonerde und 320 000 t Aluminium produziert werden. An der Aluminiumproduktion (Albras), ist die Naac (Nippon Amazon Aluminium Co.), ein Konsortium japanischer Firmen, mit 49 % beteiligt, das mit sehr günstigen Konditionen, v. a. im Energiebereich, einstieg. Die Werke, die Investitionen von insgesamt 2,5 Mrd. US-$ erfordern, sollen 4 000 Arbeitsplätze schaffen. Bisher ist — bedingt duch die schwierige Weltmarktsituation — allerdings nur die erste Stufe der Aluminiumproduktion in Gang. Das Tonerde-Werk ist noch nicht fertiggestellt, so daß die nahen Bauxitvorkommen nicht genutzt werden können, sondern Tonerde importiert werden muß. In Barcarena ist eine neue Stadt im Bau.

Zur Sicherung der Energieversorgung der riesigen Industrievorhaben, v. a. der außerordentlich große Energiemengen benötigenden Aluminiumhütten, ist am Rio Tocantins, ca 300 km von Belém entfernt, das Wasserkraftwerk Tucuruí im Bau, das in seiner ersten Stufe Investitionen von ca. 5 Mrd. US-$ erfordern und eine Kapazität von 3 900 MW haben wird. Im November 1984 wurden die ersten beiden Turbinen in Betrieb genommen. Eine Endkapazität von 7 960 MW ist vorgesehen, die Tucuruí zum viertgrößten Wasserkraftwerk der Welt machen wird. Der Tucuruí-Stausee von rund 200 km Länge steht mit einem Stauvolumen von 45,8 Mrd. cbm weltweit an dritter Stelle (s. Abb. 8.2/3).

Außer der Versorgung der Aluminiumindustrie — das Werk der Albras/Alunorte wird allein 5 % des heutigen Verbrauchs Brasiliens an elektrischer Energie benötigen — wird das Großkraftwerk Tucuruí auch die in Marabá, der Stadt Tucuruí sowie entlang der Eisenbahnlinie entstehenden Industriebetriebe (u. a. Produktion von Roheisen, Gußeisen, Schwammeisen, Eisenlegierungen, metallischem Silizium, Zement) sowie die Metropole Belém versorgen.

Die Problematik der Koordination der Maßnahmen im Rahmen dieser riesigen Vorhaben wird am Beispiel der Holzverwertung im Überflutungsgebiet des Tucuruí-Stausees deutlich. Das Holzvolumen

Abb. 8.2/3: Tucuruí. Umsiedlungen im Stausee-Gebiet (Eigener Entwurf, nach Unterlagen des PGC)

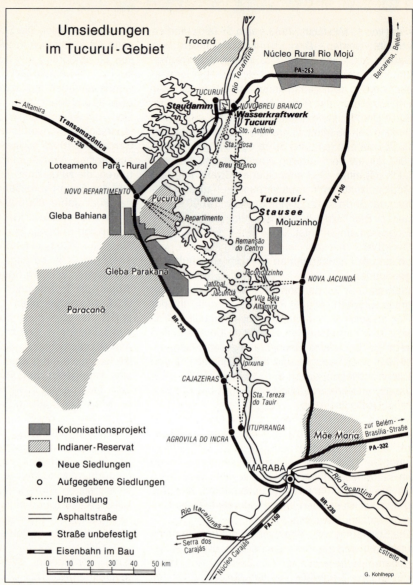

im Aufstaubereich des 2420 km großen Stausees (Vergleich: Bodensee 538 qkm) wurde auf 13,4 Mio cbm geschätzt. Aufgrund des Scheiterns der Rodungsarbeiten der auf diesem Sektor nicht erfahrenen und inzwischen in betrügerischen Konkurs gegangenen Firma ging Holz im Wert von über einer Milliarde US-$ verloren.

Der Aufstau des Rio Tocantins und der entstandene Tucuruí-Stausee haben aber auch zahlreiche sozioökonomische, ökologische und tropenhygienische Probleme mit sich gebracht.

Im Rahmen der aufgrund der Überflutung notwendigen Umsiedlung von 19 000 Menschen kam es beim Ablauf der Umsiedlungsmaßnahmen, der Neulandzuteilung und den Entschädigungsleistungen zu heftigen Auseinandersetzungen zwischen Unternehmen und unzufriedenen Betroffenen, die in Protestaktionen gegen die Elektrizitätsgesellschaft mündeten. Auch die Anwendung von Entlaubungsmitteln entlang der Trasse der neuen Hochspannungsleitung nach Belém erregte öffentliche Proteste.

Die mit dem Tucuruí-Stausee verbundenen ökologischen und tropenhygienischen Probleme können hier nur angedeutet werden.

Hauptproblem ist der Fäulnisprozeß der nicht gerodeten und abgeräumten Biomasse. Hierdurch besteht die begründete Gefahr der Freisetzung toxischer Gase wie z. B. Schwefelwasserstoff, Methan und Ammoniak beim Abbau organischer Substanz. Dieses Problem ist bereits beim Brokopondo-Stausee in Suriname aufgetreten und führte dort aufgrund von Vergiftungsgefahr und Geruchsbelästigung zur Notwendigkeit der Umsiedlung der am Stausee wohnenden Siedler. Durch geringe Sauerstoffverfügbarkeit im Wasser könnte auch die Fischereiwirtschaft beeinträchtigt werden. Die sehr schnelle Ausbreitung der Wasserhyazinthe (Eichhornia crassipes) könnte nicht nur die geplante Schiffahrt auf dem Stausee gefährden, sondern führt auch zu Verunreinigungen und Schäden an den Filtern für den Turbinenschutz. Die Bekämpfung der Eichhornia mittels Herbiziden würde zur Giftstoffanreicherung im Wasser und damit zur Gefährdung der Fischerei führen.

Äußerst problematisch ist die Tatsache, daß der Tucuruí-Stausee für die Malaria übertragende Anopheles sowie für die als Schistosomiasis-Überträger auftretenden Wasserschneckenarten optimale Lebensbedingungen bietet, so daß mit schwerwiegenden tropenhygienischen Konsequenzen gerechnet werden muß.

All dies hat zusammen mit der chaotischen Entschädigungs- und Umsiedlungssituation zu einer massenhaften Abwanderung der ehemals ländlichen Bevölkerung geführt, die das alte Tucuruí überschwemmt und eine extreme Segregation zwischen der gut ausgestatteten company-town und der alten Siedlung verursacht. Zehntausende nach Fertigstellung der Arbeiten entlassene Bauarbeiter verblieben in Tucuruí, dessen Einwohnerzahl von 800 im Jahre 1974 bis 1985 auf 85 000 emporschnellte.

Die momentan entstehenden Großvorhaben beschäftigen über 50 000 Bauarbeiter. Die Hüttenwerke, der Erzabbau und die Infrastruktureinrichtungen sollen in Zukunft ebenfalls Tausende neuer Arbeitsplätze anbieten. Der Zustrom von Arbeit suchenden Migranten in die städtischen Zentren hat extrem zugenommen.

Die „Grande-Carajás"-Konzeption wird für die Planer durch die vorgesehene Anbindung von landwirtschaftlichen Projekten zum integrierten regionalen Entwicklungsplan. Die Planungen auf dem Agrarsektor müssen jedoch bisher noch mit großen Vorbehalten versehen werden. Der landwirtschaftliche Programmteil des Programa Grande Carajás, der nicht zuletzt internationale Finanzierung sichern soll, ist vorerst nur als unkoordinierter „Anhang" ohne vertiefte Ansätze zu integrierten ländlichen Entwicklungsmaßnahmen zu bezeichnen.

So sind weder die positiven Ansätze des POLONO-ROESTE-Programms in Rondônia, noch die Erkenntnisse aus den dortigen Entwicklungsprozessen der kleinbäuerlichen Landwirtschaft in die Überlegungen der PGC-Agrarplanung eingegangen.

Zunächst war im April 1981 entlang der Eisenbahnlinie in der Art eines besitzrechtlich leicht kontrollierbaren Korridors die Einrichtung von 300 Rinderfarmen in einer Größenordnung von je 10 000 ha auf insgesamt 30 000 qkm vorgesehen, wofür ein Investitionsbedarf von 1,73 Mrd. US-$ genannt wurde. Dies wurde interessanterweise zu einem Zeitpunkt bekannt, als die Planungsbehörde SUDAM aus finanziellen und ökonomisch-ökologischen Gründen bereits die Einrichtung großer Rinderfarmen auf Rodungsweiden stark einschränkte. Inzwischen wurde diese PGC-Planung völlig aufgegeben.

Der geplante weltmarktorientierte Anbau von Sojabohnen und Mais (auf einer Fläche von 47 000 qkm!), der Maniokanbau mit Einrichtung spezieller Anlagen zur Herstellung von Maniok-Pellets als Viehfutter, die geplanten Kautschuk-Plantagen, der energieorientierte Anbau von Zuckerrohr auf 24 000 qkm Anbaufläche (Pro-Alkohol-Programm), die Errichtung von 350 Agrovilas und die Hochrechnungen von Dollar-Milliardenbeträgen der zu erwartenden jährlichen Einnahmen bestärken den Eindruck, daß sich der Hang zur Gigantomanie, der sich in den Bergbau-, Industrie- und Infrastrukturprojekten niederschlägt, nun auch auf den Agrarsektor ausgeweitet hat. Sicher vorauszusagen ist nur, daß schon durch einen Teil der Projekte Hunderttausende von Posseiros von ihrem Besitz und auch Indianer aus ihren Stammesgebieten vertrieben würden.

Die Planungen für die Entwicklung einer exportorientierten modernen Landwirtschaft auf der Basis von „Green revolution"-Ideen und der Großbetriebsstruktur, an denen auch die Japan International Cooperative Agency Anteil hatte, scheinen inzwischen einer realistischeren Einstellung und Einschätzung der Möglichkeiten landwirtschaftlicher Entwicklung der Programmregion Platz gemacht zu haben.

Auch in den neuen Planungsgrundlagen wird die kleinbäuerliche Landwirtschaft jedoch nicht angemessen berücksichtigt. Die vorgesehenen finanziellen Unterstützungsmaßnahmen für 16 160 Produzenten werden nur zu 65 % Kleinbetriebe mit nur 15 % der gesamten Betriebsfläche betreffen. Allerdings sind außer Projekten zur Verbesserung der landwirtschaftlichen Beratung und zur Unterstützung des Genossenschaftswesens auch Kolonisationsprojekte angelaufen. Die Zahl der zur Ansiedlung vorgesehenen Familien ist mit 7 000 aber äußerst gering, wenn man die Dimension der Problematik bedenkt.

In Maranhão werden knapp 17 % der Betriebe vom Eigentümer bewirtschaftet, dagegen 46 % von Pächtern und 37 % der Bewirtschafter sind Squatter, d. h. sie haben keinen Rechtstitel auf ihr Land und können jederzeit vertrieben werden. Insgesamt bedeutet dies, daß allein in Maranhão 410 000 landwirtschaftliche Betriebe ohne solide grundbuchmäßig verbriefte besitzrechtliche Situation wirtschaften. Hinzu kommt, daß wohl etwa 120 000 —140 000 ländliche Familien nicht nur ohne eigenes Land, sondern selbst ohne Zugang zu Pachtmöglichkeiten sind. Hunger und Unterernährung sind weiter verbreitet als im Nordosten.

Die Grundbesitzverhältnisse in Maranhão gehören zu den konfliktträchtigsten in Brasilien. So verwundert es nicht, daß die Bundesregierung 1980 eine Sonderbehörde (GETAT) zur Schlichtung der gewaltsamen Auseinandersetzungen schuf, der die Zuständigkeit der Landtitelregulierung in dieser Region übertragen wurde. Unter den gegebenen Umständen kann das landwirtschaftliche Programm des PGC nicht nur als völlig unzureichend bezeichnet werden, sondern es wird ein völlig anderer entwicklungsstrategischer Ansatz notwendig sein. In Abkehr von der reinen Exportorientierung muß in weiten Teilgebieten der Planungsregion eine grundbedürfnisorientierte Agrarplanung betrieben werden, die sich v. a. der Erzeugung von Grundnahrungsmitteln auf der Basis von Kleinbetrieben widmet. Einige Ansätze, auch mit deutscher Entwicklungshilfe, sind hierzu vorhanden.

Das ,,Programa Grande Carajás" entspricht bisher in seiner inhaltlichen Konsistenz und der erforderlichen Interdependenz der Teilprojekte sicher nicht den qualitativen Anforderungen, die an eine integrierte Regionalentwicklung gestellt werden müssen.

An den Großprojekten des Grande Carajás-Programms hat sich eine heftige öffentliche Kritik entzündet, die von der Regierung der demokratischen ,,Neuen Republik" bedacht werden muß. In Zeiten wirtschaftlicher Rezession wirken die Versuche, mit der auf hohen Investitionen beruhenden Exportsteigerung die Auslandsschulden verringern zu wollen, wie ein circulus vitiosus. Die notwendigen Kreditaufnahmen bei hohen Zinssätzen und nicht langfristig garantierten Export-Produktpreisen werden zu immer stärkerer finanzieller Auslandsabhängigkeit führen. Nur eine ländliche ,,small scale"-Entwicklung wird eine integrierte ländliche Entwicklung zugunsten der kleinbäuerlichen Siedler ermöglichen und damit die Landflucht und das chaotische Wachstum der städtischen Zentren in der Ostregion Amazoniens mit allen negativen Folgen bremsen können.

9 Amazonien — Zukunft ohne tropischen Regenwald?

Die Erschließung einer ursprünglich völlig bewaldeten Region wie Amazonien bringt zwangsläufig schwerwiegende Eingriffe in den Landschaftshaushalt mit sich. Die Brandrodung hat sich in den letzten Jahren ständig gesteigert und wird bei den zu befürchtenden Zunahmeraten negative ökologische und ökonomische Konsequenzen bewirken. Das Problem dabei ist, daß fatalerweise die Vernichtung der tropischen Regenwälder der systematischen Auswertung wissenschaftlicher Erkenntnisse vorausläuft und flächenhafte Waldrodungen in Teilregionen erfolgen, die für keine Art landwirtschaftlicher Nutzung die natürlichen Voraussetzungen bieten.

In Tab. 9/1, die auf Satellitenbildauswertungen beruht, wird deutlich, daß es nicht nur die absoluten Flächen bisheriger Waldzerstörung sind, die beunruhigen, sondern v. a. die kurzzeitigen Zunahmeraten, die einen z. T. fast exponentiellen Charakter annehmen. Von der 3,88 Mio qkm betragenden natürlichen Waldfläche des brasilianischen Amazonasgebiets waren bis 1975 erst 0,7 % gerodet. 1984 betrug dieser Anteil bereits 5,2 %, d. h. eine Fläche von fast 200 000 qkm (= 80 % der Fläche der BR Deutschland). Das regionale Ausmaß der Waldvernichtung ist sehr unterschiedlich. Betrachtet man einen Staat wie Mato Grosso, so belief sich der Anteil der Rodungen 1975 erst auf 1,1 %, 1980 bereits auf 6,1 % und sicher muß die gerodete Fläche in diesem Staat heute bereits auf mehr als 15 % geschätzt werden. Auch in Rondônia nimmt die Waldrodung äußerst schnell zu. Die regionale Konzentration der Rodungen wird aus Abb. 9/1 deutlich. Dabei ist sehr gut das Vorrücken der Siedlungs- und Wirtschaftsgrenze im Osten und Süden der Amazonas-Region zu erkennen. Mar-

Tab. 9/1: Waldrodungen im brasilianischen Amazonasgebiet (Quelle: Offizielle Daten des IBDF sowie *Carneiro* 1984, Appendix 3 (zur Berechnung der Waldfläche))

Bundesstaat/ Territorium	Fläche qkm	Waldrodungen in qkm			Wald- rodungen total	Anteil d. Rodun- gen an Gesamt- fläche AL		Zunahme der Rodungen	
		bis 1975	1975-78	1978-80	bis 1980	1975 in %	1980 in %	1975-78 in %	1978-80 in %
Amapá	140 276	152	18	*	170**	0,1	*	12	*
Pará	1 248 042	8 654	13 791	11 469	33 914	0,7	2,7	159	51
Roraima	230 104	55	89	*	144**	0,02	*	161	*
Maranhão[2])	257 451	2 941	4 393	3 337	10 671	1,1	4,2	149	46
Goiás[2])	235 795	3 507	6 781	1 168	11 456	1,2	4,0	193	11
Acre	152 589	1 166	1 299	2 162	4 627	0,8	3,0	111	88
Rondônia	243 044	1 217	2 968	3 395	7 580	0,5	3,1	244	81
Mato Grosso[2])	881 001	10 124	18 231	24 944	53 299	1,1	6,1	180	88
Amazonas	1 557 125	780	1 006	*	1 786**	0,1	*	129	*
Amazônia Legal (AL)	5 005 425	28 596	48 576	46 475**	123 647** 199 650[1])	0,6	2,5** 5,2%[1])	170	60**
AL-Waldfläche	3 878 078	0,7%							

* Wert nicht bekannt
** unvollständig
[1]) Schätzung 1984: Gesamte Rodungsfläche
[2]) Anteil des Staates an Amazônia Legal (AL)

kant treten die Straßenachsen Belém-Brasília sowie die Erschließungsachsen in Rondônia und Mato Grosso hervor. Hierzu muß bemerkt werden, daß die Daten in dieser Form nur bis 1978 vorliegen und sich inzwischen die Waldrodung z. T. dramatisch verstärkt hat. Teile Zentralamazoniens sowie des Westens und Nordens der Region sind dagegen noch kaum betroffen.

Abb. 9/1: Waldrodungen in Amazônia Legal bis 1978 (Eig. Entwurf, nach: *Fearnside, Ph. M.:* A floresta vai acabar? — Ciência hoje 2, 10, 1984, S. 46)

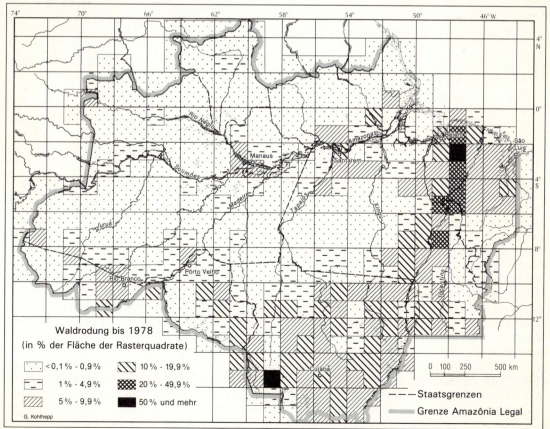

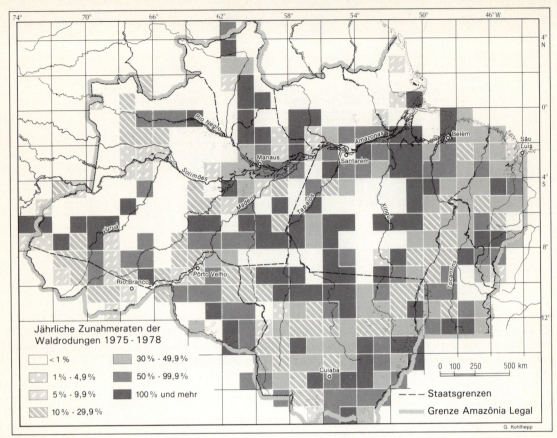

Abb. 9/2: Jährliche Zunahmeraten der Waldrodungen 1975—78 (nach: *Fearnside* 1984, S. 47; s. Abb. 9/1).

Die Darstellung der jährlichen Zunahmeraten 1975-1978 (s. Abb. 9/2) läßt die temporären Schwerpunkte erkennen und macht die Entwicklungstendenzen in diesem Zeitraum in regionaler Differenzierung offenkundig.

Die Auswertung der Landsat-Satellitenbilder für ein Gebiet von 280 000 qkm in Ost-Pará und West-Maranhão, d. h. in der heutigen Grande Carajás-Region, zeigt, daß die Waldrodungen von 1978 bis 1979 um 43 % (von 25 370 auf 36 270 qkm) zugenommen haben, d. h., daß 1979 9,8 % der Waldfläche der genannten Region gerodet waren. Bis heute dürften 20—22 % der Regenwälder der PGC-Region gerodet sein. In manchen Munizipien erreicht der Rodungsanteil bereits über 60 %.

Die Planungen des Programa Grande Carajás zur Verhüttung auf Holzkohlebasis gehen von einem jährlichen Bedarf von 25 Mio. cbm Holzkohle aus. Dafür müßte eine Fläche von 15 000 qkm waldwirtschaftlich genutzt, d. h. letztlich gerodet und mit schnellwachsenden Spezies wiederaufgeforstet werden. Gerade diese Überlegungen bestätigen, daß aus der ökologischen Problematik von Monokulturen bzw. homogenen Wirtschaftswäldern im immerfeuchten Amazonien (siehe Aufforstungen im Jarí-Projekt) nichts gelernt wurde. Die fatale Idee, wie z. B. in Minas Gerais Eukalyptus pflanzen zu wollen, ist nach den bisherigen Erfahrungen in Amazonien (von Hevea brasiliensis bis Gmelina arborea) geradezu grotesk. Die Holzkohleerzeugung für die geplanten Betriebe der eisenverarbeitenden Industrie wird zu einer neuen Phase der Waldvernichtung führen. Die Nutzung eines Teils der Frucht der Babaçú-Palme, des hölzernen Endokarp der Babaçú-Nuß, wäre dagegen eine auch ökologisch sinnvolle Möglichkeit der Holzkoheherstellung.

Wenn auch Voraussagen, daß im Jahre 2000 die tropischen Regenwälder Amazoniens völlig vernichtet sein werden, sicherlich nicht zutreffen, so muß doch befürchtet werden, daß die jährliche Rodungsquote, die zwischen 1975 und 1984 durchschnittlich 19 000 qkm betrug, in den nächsten Jahren stark ansteigen wird. Es muß v. a. betont werden, daß in weiten Teilen Amazoniens, die — wie etwa die Ostregion, der Süden und Südwesten — viel stärker in Mitleidenschaft gezogen werden als der Norden und Westen bis Ende der 90er Jahre, wohl mehr als die Hälfte der Waldflächen vernichtet sein werden.

10 Der Amazonas-Pakt — Ansatz zu einer supra-nationalen Entwicklungsstrategie?

Bei all den Planungen, die Brasilien und die Nachbarländer in der Amazonas-Region durchführen, erhebt sich die Frage, ob es auch eine Koordination dieser Bemühungen auf der internationalen Ebene gibt. Brasilien hat sich im letzten Jahrzehnt für eine Zusammenarbeit und auch für die Form eines politischen Zusammenschlusses der Länder mit Anteil an Amazonien eingesetzt.

Im Juli 1978 wurde der Amazonas-Pakt in Brasília von acht Anrainerstaaten (Brasilien, Kolumbien, Ecuador, Bolivien, Peru, Venezuela, Suriname und Guyana) unterzeichnet, die sich darin verpflichteten, die von ihnen zum Amazonasgebiet gerechneten Regionen harmonisch und in gegenseitiger Kooperation zu entwickeln. Die brasilianischen Bemühungen um das Zustandekommen des Amazonas-Pakts sind vor dem Hintergrund des in einer Krise steckenden Andenpakts zu sehen, dem alle Signatarstaaten mit Ausnahme von Brasilien, Guyana und Suriname angehören, bis hin zum Versuch einer Ablösung des Andenpakts durch einen neuen Zusammenschluß, dem Brasilien nun selbst angehört. Da die lateinamerikanische Freihandelsvereinigung (ALALC) kaum über die Anfangsphase der Handelsliberalisierung hinausgekommen war, bildete die Gründung des Amazonas-Paktes für Brasilien nicht nur einen Gegenpol zum Andenpakt, sondern bietet der brasilianischen Seite auch die Möglichkeit, die Andenstaaten gezielt zu einer engeren wirtschaftlichen Kooperation mit Brasilien zu veranlassen.

Brasilien hat immer wieder versucht, die Bedenken der Nachbarländer zu zerstreuen, die eine Expansion des brasilianischen Einflusses auf der Basis geopolitischer Planspiele des Militärs und damit eine Vorherrschaft Brasiliens in dieser Region befürchteten. Demgegenüber betonte Brasilien, daß es eine in allen Amazonasteilen gleichartig strukturierte Entwicklung auf der Grundlage gegenseitiger Koordination der Maßnahmen im wirtschaftlichen, sozialen und ökologischen Bereich anstrebe.

Wesentliche Schwerpunkte des sehr allgemein gehaltenen Amazonas-Pakts sind:
— koordinierte Regionalentwicklung in Amazonien im Rahmen der nationalen Wirtschaftssysteme
— Austausch von Erfahrungen, Einrichtung eines Informationssystems und Förderung der wissenschaftlichen Forschung über Amazonien
— Nutzung der natürlichen Ressourcen unter Wahrung des ökologischen Gleichgewichts und Erhaltung der indianischen Kulturen
— freizügige Nutzung der Verkehrswege und Erschließung der Wasserkraft.

Der endgültige Vertragsabschluß war eine Einigung auf einem Minimalkonsens, ohne die von Brasilien vorgeschlagene Zollunion und ohne Einschränkung des Andenpakts. Die Mitgliedsländer des Andenpakts betonten vielmehr die jeweilige nationale Eigenverantwortlichkeit und Selbstständigkeit. Festzuhalten ist, daß alle kritischen Punkte, v. a. aber auch die Grundlagen der nationalen Zusammenarbeit und die Ausführung zentraler Aufgaben, undefiniert blieben. Auch die Rolle des ausländischen Kapitals bei der Entwicklung der Amazonasregion, in Brasilien Grundpfeiler der Entwicklungsplanung, im Andenpakt dem inländischen Kapital zumindest nachgeordnet, blieb ausgespart. Angesichts der unterschiedlichen Interessenlagen der Anrainerstaaten Amazoniens, ihrer unterschiedlichen Strukturmerkmale sowie sehr verschiedenen Finanzkraft, aber auch angesichts des interregionalen Entwicklungsgefälles sind größere gemeinsame Projekte bisher nicht durchgeführt worden, nicht einmal durch Anbindung der Fernstraßen.

Dagegen hat Brasilien erfolgreich versucht, eine bereits gut entwickelte „Erschließungstechnologie" den Nachbarländern für deren Regionalentwicklung in Amazonien anzubieten (Straßenbauten brasilianischer Firmen, Verfahren der Luftbild-Auswertung nach dem Muster des RADAM-Projekts u. a.).

Das seit Abschluß des Amazonas-Pakts 1978 bisher wenig koordinierte Vorgehen der Signatarstaaten bezüglich Amazoniens ist auch durch mehrere Außenministertreffen nicht verbessert worden. Weitreichende und zukunftsträchtige Entscheidungen für die Region sind nicht getroffen worden, zumal die politischen Gegebenheiten in den Nachbarländern häufig wechselten, v. a. in Peru, Kolumbien und Bolivien. Die Maßnahmen Brasiliens zur sektoralen und regionalen Entwicklung Amazoniens und der Umfang der bereits durchgeführten und v. a. der laufenden Projekte besitzen eine solche finanzielle, aber auch räumliche Dimension, daß die Ansätze der andereren Länder zur Regionalentwicklung ihres Amazonas-Anteils im Vergleich zu Brasilien bisher nur relativ wenig bedeutend sind. Von einer konkreten supranationalen Regionalentwicklung Amazoniens kann daher bisher nicht gesprochen werden.

11 Schlußbetrachtung

Amazonien ist strukturell und räumlich Peripherie eines im entwicklungstheoretischen Sinne peripheren Landes. Die bedingungslose zentrumorientierte „Inwertsetzung" dieses innertropischen Tieflands ohne Rücksicht auf naturräumliche und anthropogene Gegebenheiten der Region hat zu vielschichtigen Problemen geführt.

Die Erschließung des brasilianischen Amazonasgebiets zeigt, daß zu den vieldiskutierten ökologischen Handicaps landwirtschaftlicher Tätigkeit in den inneren Tropen zahlreiche raumwirksame sozioökonomische und politisch-ökonomische Probleme kommen. Diese bilden letztlich den gemeinsamen Hintergrund für die Schwierigkeiten und z. T. auch für das Scheitern theoretisch gut konzipierter Entwicklungsplanungen.

Viele der „man-made problems" scheinen jedoch lösbar, wenn es gelingt, die Ursachen der Probleme zu beseitigen, die nicht nur regionalen Ursprungs sind. Dies gilt insbesondere für die Situation in Amazonien, wo sich die Summe agrarpolitisch sensibler und daher ungelöster Probleme — v. a. die überfällige Agrarreform — in ständig eskalierenden Interessenkonflikten niederschlägt, die jegliche Planung erschweren. Das Raumpotential der peripheren Region Amazonien hat in den letzten Jahrzehnten eine räumlich-zeitliche Verschiebung der zu lösenden grundlegenden agraren Strukturprobleme erleichtert, ja geradezu herausgefordert. Die Pionierzonen werden von einer kaum noch überschaubaren Binnenwanderung marginalisierter Bevölkerung überschwemmt. Für große Teile der ländlichen Bevölkerung ist eine existenzbedrohende Landnahme- und Landnutzungskonkurrenz entstanden, die sich durch die Exportorientierung der Großprojekte, Besitzkonzentration und Verdrängungsprozesse immer weiter zuspitzt. Dazu kommt die staatliche Planungsideologie, die bisher eher mit den Vertretern großer wirtschaftlicher Interessengruppen koalierte. Andere soziale Gruppen dagegen, die sich von den staatlichen Organen nicht oder nicht ausreichend vertreten fühlten, sind in offenen Widerstand gegen die Maßnahmen offizieller Stellen getreten. Die schwächsten sozialen Gruppen werden dabei in immer stärkerem Maße von kirchlicher Seite in ihrem Existenzkampf unterstützt.

Förderung von Großprojekten und häufiger Prioritätenwechsel in der Agrarpolitik haben den Stellenwert der kleinbäuerlichen Landwirtschaft geschwächt. In Zukunft wird sich die regionale Entwicklungsplanung, v. a. die Agrarplanung, weitaus stärker auf finanziell und räumlich begrenzte zielgruppenorientierte Kleinprojekte konzentrieren müssen, die die Betroffenen am Entscheidungsprozeß beteiligen und damit ein nur langsam und begrenzt realisierbares „development from below" fördern. Nicht Ideen der „Grünen Revolution" sind dabei gefragt, sondern die gleichzeitige Einrichtung vieler kleiner grundbedürfnisorientierter Einzelprojekte in einem kleinräumigen Mosaik homogener Raumeinheiten auf der Grundlage des natürlichen Potentials, der angepaßten Technologie geeigneter landwirtschaftlicher Betriebssysteme sowie entsprechend der sozialen Erfordernisse.

Dabei werden die Agroforstwirtschaft und die Nutzung der Várzea-Flächen, die in einem Sonderprogramm (Pro-Várzea) bereits angelaufen ist, verstärkt gefördert werden müssen. Solche begrenzten und klar definierten Projekte sollten durch intensive Beratung gestützt und in Kleinkreditvergabe und in integrierte kommunale Entwicklungsprogramme einbezogen werden. Dadurch würde das Entstehen deformierter Agrar-Sozialstrukturen verhindert werden, die bereits die Abwanderung aus den Altsiedelgebieten verursachten.

Die besitzrechtlichen Unsicherheiten, die den „Kampf um Land" geradezu provozieren, behindern eine ökologisch und sozial orientierte Landnutzung. Das quantitative und qualitative Ausmaß dieser Probleme ist in Amazonien sicher wesentlich gravierender als in den Ländern Tropisch-Afrikas oder in Süd- und Südost-Asien.

Aufgrund der natürlichen Gegebenheiten eignet sich Amazonien weder für eine kleinbäuerliche Massenkolonisation, noch für exportorientierte Monokulturen im land- oder forstwirtschaftlichen Bereich oder für großflächige Weidewirtschaft.

Amazonien kann weder die Funktion einer „Kornkammer", noch die eines „Ventils" für den ländlichen und städtischen Bevölkerungsdruck anderer Regionen des Landes übernehmen.

Die amazonischen Regenwälder dürfen nicht länger Experimentierfeld ungeeigneter „Entwicklungs"Modelle und Aktionsraum an die Peripherie abgedrängter Interessenkonflikte sein. Nur durch die Schaffung übergeordneter politischer Rahmenbedingungen, geeignete Kontrolle und zielgerichtete Koordination aller Maßnahmen an der Pionierfront wird es gelingen, die Aktivitäten der unterschiedlichen sozialen Gruppen und deren räumliche und Raumnutzungs-Ansprüche auf eine den landschaftsökologischen Gegebenheiten und den Bedürfnissen der regionalen Bevölkerung angepaßte Regionalentwicklung zu konzentrieren. Nicht nur die nationale Planung, sondern auch internationale Finanzierungsorganisationen und ausländische Entwicklungshilfe müssen sich verstärkt mit der praktischen Umsetzung von „small-scale" oder „eco-development" befassen. Diese Zielsetzungen müssen Bestandteile integrierter Raumplanungsstrategien für eine Region werden, die als Lebensraum schutzbedürftiger Indianer sowie als Träger eines Ökosystems mit dem größten Arten- und Genbestand der Erde nicht sinnlos einem fehlgeleiteten, auf kurzfristige Gewinne ausgerichteten Fortschritt geopfert werden darf. Möge die provozierende Aufforderung brasilianischer Amazonas-Schützer „Besucht Amazonien, solange es noch da ist" die Verantwortlichen zu besonderen Anstrengungen aufrütteln und in- und ausländische Kritiker der bisherigen „Inwertsetzung" der Regenwaldregion zu konstruktiven, uneigennützigen Lösungsvorschlägen für die Zukunft Amazoniens herausfordern.

12 Literaturverzeichnis

Barbira-Scazzocchio, F. (Hrsg.) (1980): Land, people and planning in contemporary Amazonia. Cambridge.
Bunker, S. G. (1984): Underdeveloping the Amazon: Extraction, unequal exchange and the failure of the modern state. Univ. of Illinois Press.
Coy, M. (1987): Junge Pionierfrontentwicklung in Amazonien. Rondônia: Ursachen und Konsequenzen des neuen „Marcha para Oeste". (im Druck; erscheint in: *Kohlhepp, G.* (Hrsg.): Brasilien. Beiträge zur regionalen Struktur- und Entwicklungsforschung. Tübinger Geogr. Studien 93.)
Davis, S. H. (1977): Victims of the miracle. Development and the indians of Brazil. Cambridge.
Engelhardt, W. / Fittkau, E. J. (Hrsg.) (1984): Tropische Regenwälder — eine globale Herausforderung. — In: Spixiana. Zeitschrift für Zoologie. Supplement 10, München.
Fittkau, E. J. (1973): Artenmannigfaltigkeit amazonischer Lebensräume aus ökologischer Sicht. — In: Amazoniana 4, S. 321—340.
Goodland, R. J. A. / Irwin, H. S. (1975): Amazon jungle: green hell to red desert? Amsterdam. (Developments in landscape management and urban planning 1)
Hemming, J. (Hrsg.) (1985): Change in the Amazon Basin. Bd. 1: Man's impact on forest and rivers. Bd. 2: The frontier after a decade of colonization. Manchester.
Klinge, H. (1973): Struktur und Artenreichtum des zentralamazonischen Regenwaldes. — In: Amazoniana 4, S. 283—292.
Klinge, H. (1976): Bilanzierung von Hauptnährstoffen im Ökosystem tropischer Regenwald (Manaus). — In: Biogeographica 7, S. 59—77.
Kohlhepp, G. (1976): Planung und heutige Situation staatlicher kleinbäuerlicher Kolonisationsprojekte an der Transamazônica. — In: Geographische Zeitschrift 64, 3, S. 171—211.
Kohlhepp, G. (1977): Bergbaustandorte im östlichen Amazonasgebiet. Entwicklungspole oder Orte temporärer Extraktion mineralischer Rohstoffe? — In: Frankfurter Wirtschafts- und Sozialgeogr. Schriften 26, S. 239—273.
Kohlhepp, G. (1978.1): Siedlungsentwicklung und Siedlungsplanung im zentralen Amazonien. Gedanken zum zentralörtlichen System „Agrovila-Agrópolis-Rurópolis". — In: Frankfurter Wirtschafts- und Sozialgeogr. Schriften 28, S. 171—191.
Kohlhepp, G. (1978.2): Wirtschafts- und sozialgeographische Aspekte des brasilianischen Entwicklungsmodells und dessen Eingliederung in die Weltwirtschaftsordnung. — In: Die Erde 109, S. 353—375.

Kohlhepp, G. (1978.3): Erschließung und wirtschaftliche Inwertsetzung Amazoniens. Entwicklungsstrategien brasilianischer Planungspolitik und privater Unternehmer. — In: Geographische Rundschau 30, S. 2—13.

Kohlhepp, G. (1979): Brasiliens problematische Antithese zur Agrarreform: Agrarkolonisation in Amazonien. — In: *Elsenhans, H.* (Hrsg. 1979): Agrarreform in der Dritten Welt. Frankfurt / New York. S. 471—504.

Kohlhepp, G. (1983): Strategien zur Raumerschließung und Regionalentwicklung im Amazonasgebiet. Zur Analyse ihrer entwicklungspolitischen Auswirkungen. — In: *Buisson, I. / Mols, M.* (Hrsg. 1983): Entwicklungsstrategien in Lateinamerika in Vergangenheit und Gegenwart. Paderborn. S. 175—193. (Internationale Gegenwart Bd. 5)

Kohlhepp, G. (1984): Der tropische Regenwald als Siedlungs- und Wirtschaftsraum. Am Beispiel jüngster Entwicklungsprozesse im brasilianischen Amazonasgebiet. — In: *Engelhardt, W. / Fittkau, E. J.* (Hrsg. 1984): Tropische Regenwälder — eine globale Herausforderung. München. S. 131—157. (Spixiana. Supplement 10)

Kohlhepp, G. (1985): Agrarkolonisationsprojekte in tropischen Regenwäldern. Amazonien als Beispiel und Warnung. — In: Entwicklung und ländlicher Raum 3, S. 1—6.

Kohlhepp, G. / Coy, M. (1986): Conflicts of interests and regional development planning in colonizing the Brazilian Amazônia: The case of Rondônia. In: Nederlandse Geografische Studies 25, S. 61—75, Amsterdam, Nijmegen.

Kohlhepp, G. et al. (Hrsg.) (1987): Homem e natureza na Amazônia — Hombre y naturaleza en la Amazonía. Tübinger Geogr. Studien 95 (im Druck).

Mahar, D. F. (1979): Frontier development policy in Brazil: a study of Amazonia. New York.

Misra, R. P. / Becker, B. K. / Tri Dung, N. (Hrsg.) (1985): Regional development in Brazil: the frontier and its people. United Nations Centre for Regional Development. Nagoya.

Moran, E. F. (1981): Developing the Amazon. Bloomington.

Moran, E. F. (Hrsg.) (1983): The dilemma of Amazonian development. Boulder.

Prance, G. T. / Lovejoy, T. E. (Hrsg.) (1985): Amazonia. Key environments. Oxford, New York.

Schmink, M. / Wood, Ch. (Hrsg.) (1984): Frontier expansion in Amazonia. Gainesville.

Sioli, H. (1969): Entwicklung und Aussichten der Landwirtschaft im brasilianischen Amazonasgebiet. — In: Die Erde 100, 2—4, S. 307—326.

Sioli, H. (1969): Zur Ökologie des Amazonasgebietes. In: *Fittkau, E. J.* et al. (Hrsg.): Biogeography and ecology in South America, S. 137—170, Den Haag.

Sioli, H. (1983): Amazonien. Grundlagen der Ökologie des größten tropischen Waldlandes. Stuttgart.

Sioli, H. (Hrsg.) (1984): The Amazon. Limnology and landscape ecology of a mighty tropical river and its basin. Dordrecht. (Monographiae Biologicae 56)

Sioli, H. / Klinge, H. (1961): Über Gewässer und Böden des brasilianischen Amazonasgebietes. — In: Die Erde 92, 3, S. 205—219.

Sternberg, H. O'Reilly (1973): Development and conservation. — In: Erdkunde 27, 4, S. 253—265.

Sternberg, H. O'Reilly (1975): The Amazon river of Brazil. Wiesbaden. (Erdkundl. Wissen 40 = Geogr. Zeitschrift, Beihefte)

Sternberg, H. O'Reilly (1980): Amazonien: Integration und Integrität. — In: *Benecke, D. / Domitra, M. / Mols, M.* (Hrsg. 1980): Integration in Lateinamerika. München. S. 293—322. (Beiträge zur Soziologie und Sozialkunde Lateinamerikas 17)

Valverde, O. et. al. (1979): A organização na faixa da Transamazônica. Bd. 1: Sudoeste amazônico. Rio de Janeiro.

Weischet, W. (1980): Die ökologische Benachteiligung der Tropen. Stuttgart. (2. Aufl.)

Wilhelmy, H. (1970): Amazonien als Lebens- und Wirtschaftsraum. — In: Deutsche Geographische Forschung in der Welt von heute. Kiel. S. 69—84. (Festschrift f. E. Gentz)

13 Stichwortverzeichnis

Agrarkolonisation 4, 20 ff., 44, 50 ff.
Agrópolis 23
Agrovila 23, 24
Aluminiumindustrie 59
Amazônia Legal (Planungsregion) 4, 22, 24, 28, 30, 36
Aufforstung 34, 35
Bergbau 26, 27, 47, 56 ff.
Bevölkerungsentwicklung 36, 37, 42, 43
Böden 9, 10, 21, 32
Entwicklungspol 24 ff.
Entwicklungsstrategien 4, 15 ff., 24 ff., 65, 66, 67
Erzbahn 55 ff.
FUNAI 47
GETAT 49, 62
Grande Carajás 55 ff., 64
INCRA 21, 23, 52
Indianische Bevölkerung 44 ff.
Infrastrukturentwicklung 17 ff.
Integrierte ländliche Entwicklung 50 ff., 61
Interessenkonflikte 44 ff.

Jarí 34, 35
Kautschuk 8, 13, 14
Klarwasserflüsse 7, 8
POLAMAZÔNIA-Programm 24 ff., 50
POLONOROESTE-Programm 24, 50 ff., 61
Rinderweidewirtschaft 27 ff., 33
Rurópolis 23
Schwarzwasserflüsse 7
Serra dos Carajás 27, 55 ff.
Serra Pelada 27
Straßenverkehrserschließung 17, 18, 19, 44
SUDAM 25, 30 ff., 55, 61
SUFRAMA 25, 33
Terra firme 5, 8
Transamazônica 17, 18, 21
Tucuruí 59, 60, 61
Várzea 5, 8
Waldrodung 9, 10, 62 ff.
Weißwasserflüsse 7
Xingú-Nationalpark 45, 46, 47